KB194564

Summary of the Luke
누가복음 핵심강해

이 요 나 지음

홀리북스

Summary of the Luke
누가복음 핵심강해

저자 이 요 나
출판 홀리북스

등록 제2014-000225
초판 발행 2022. 2. 15
주소 06102 서울시 강남구 언주로 608 303
전화 02-546-3211
팩스 02-798-5412

가격 10,000원

본문에서 사용된 성경 말씀은 대한성서공회가
1961년 발행한 '성경전서 개역한글판'을 사용하였습니다.

- 파본은 구입하신 서점에서 교환해 드립니다 -

본 저작물의 저작권은 홀리북스에 있습니다.
신 저작권법에 의하여 한국 내에서 보호받는 저작물이므로
무단전제와 무단복제를 금합니다.

(후원계좌 우체국 012526-01-004539 갈보리채플)

- 목 차 -

누가복음에 대하여

(누가복음 24:49) 볼지어다 내가 내 아버지의 약속하신 것을 너희에게 보내리니 너희는 위로부터 능력을 입히울 때까지 이 성에 유하라 하시니라

누가는 당시 데오빌로라는 고귀한 사람의 주치 의사였다. 그러므로 누가복음은 다른 복음서와 달리 섬세하고 인간적인 친근함을 나타내고 있다. 또한 누가는 화가였다고 한다. 그런 관계로 누가복음은 세상에서 가장 아름다운 책이라고도 불린다.

사복음서는 하나님의 아들 예수 그리스도의 표상이다. 예수님의 사랑하는 제자이며 계시록 저자인 사도 요한은 환상 중에 본 예수 그리스도의 표상들을 다음과 같이 기록하였다.

"보좌 앞에 수정과 같은 유리 바다가 있고 보좌 가운데와 보좌 주위에 네 생물이 있는데 앞뒤에 눈이 가득하더라 그 첫째 생물은 사자 같고 그 둘째 생물은 송아지 같고 그 셋째 생물은 얼굴이 사람 같고 그 넷째 생물은 날아가는 독수리 같은데 네 생물이 각각 여섯 날개가 있고 그 안과 주위에 눈이 가득하더라"(계 4:6-8)

여기서 언급된 첫째 생물 곧 사자는 마태복음의 표상이다. 사자는 이 땅의 모든 짐승들의 왕이며, 유다 종족의 표상으로 다윗 왕을 존칭

한다. 그러므로 마태복음서의 저자 사도 마태는 유대인의 왕으로 오신 하나님의 아들 예수 그리스도의 복음의 메시지를 선포한 것이다.

둘째 생물 송아지는 마가복음의 표상이다. 송아지는 희생제물 중 하나이지만 사람을 위하여 헌신하는 가축이다. 특별히 송아지는 아직 일을 해 보지 않아서 주인의 각별한 훈련이 필요하다. 그러므로 로마시대에서 성장한 마가는 세상을 지배하는 로마인들의 사실주의에 입각하여 세상을 지고 헌신하신 예수 그리스도를 선포한 것이다.

셋째 생물 곧 사람의 얼굴을 한 생물이 바로 누가복음이다. 누가는 유능한 의사와 정감이 넘치는 예술가로서 그리스 신화와 헬라철학에 만연된 이방인들에게 사람의 형상으로 오신 하나님의 아들 예수 그리스도의 인성을 복음의 계시로 성화시켰다.

넷째 생물 곧 독수리는 요한복음의 표상이다. 독수리는 어떤 새들보다 하늘 높이 날을 수 있으며, 피조물 중에서 독수리만이 태양을 직시할 수 있다. 그러므로 사도 요한은 거룩하신 하나님의 아들 예수 그리스도의 신성과 영적 권세를 선포하였다.

이와 같이 마태는 유대인을 향한 왕되신 예수 그리스도의 복음서를 기록하였고, 마가는 로마인을 향한 지혜의 복음서를, 누가는 로마신화와 헬라철학에 만연된 이방인을 향한 구원자 하나님의 아들 예수 그리스도의 나타나심을, 요한은 진리의 말씀되신 예수 그리스도의 거룩한 신성과 능력의 표상을 기술하였다.

누가는 헬라어에 정통한 정통 학문을 겸비한 지식인이요, 의사요, 예술가로서 실제 증명이 가능한 충분한 자료를 수집하여 예수 그리스도의 복음을 저술 하였다. 더 나아가 누가는 예수 그리스도의 복음서 저술로만 활동한 것이 아니라 후일 바울과 함께 이방인 선교에 동참하여 2년간 바울과 함께 가이샤라 옥중생활을 하였다.

오늘 우리는 세상 철학과 물질만능의 인본주의 시대에 살고 있다. 하나님이 창조하신 사람의 거룩함과 의로움이 상실되어 버린 음란한 세상 속에서 사람들의 영혼은 갈수록 곤고하고 비통해지고 있다. 그러나 우리는 만왕의 통치자로 이 땅에 다시 오실 하나님의 아들 예수 그리스도의 오심을 준비하고 있다.

누가복음은 곤고한 우리의 영혼을 위하여 예수 그리스도의 고귀하신 인품 가운데 나타나신 하나님의 사랑과 은혜를 풍성케 할 것이다. 이 글을 읽는 모든 사람들에게 하나님의 위로와 긍휼하신 사랑이 더욱 많기를 기원한다.

이요나 목사

우리 중에 이루어진 사실에 대하여

(누가복음 1:1-3) 우리 중에 이루어진 사실에 대하여 처음부터 말씀의 목격자 되고 일군 된 자들의 전하여 준 그대로 내력을 저술하려고 붓을 든 사람이 많은지라 그 모든 일을 근원부터 자세히 미루어 살핀 나도 데오빌로 각하에게 차례대로 써 보내는 것이 좋은 줄 알았노니

누가는 그리스도의 복음을 기록하면서 먼저 "우리 중에 이루어진 사실"이라고 진술하였다. 우리가 아는 바와 같이 누가는 헬라인 의사였으며 후일 복음 전도자로서 누가복음 후속편 사도행전을 기록하여 바울과 함께 교회시대를 열었다(골4:14, 딤후4:11, 몬1:24).

누가는 '데오빌로'(하나님을 사랑하는 자)라는 로마황실 고관의 주치의였다. 그러므로 누가는 자신이 그리스도의 전기를 써야 하는 목적에 대하여 "이는 각로로 그 배운 바의 확실함을 알게 하려 함이로라"라고 기록하여 데오빌로가 하나님을 경외하며 메시아에 대한 깊은 관심을 가졌음을 시사하였다.

여기서 우리를 놀랍게 하는 것은 "이는 각하로 그 배운 바의 확실함을 알게 하려 함이로라"(눅 1:4)는 구절이다. 이는 데오빌로가 누가와 함께 성경공부를 하였다는 뜻이기 때문이다. 그 당시는 구약의 계시의 말씀을 통하여 메시아를 연구해야 하는 때라서 이방인으로서 하나님의 아들 메시아에 관심을 갖고 있었다는 것만으로도 놀라운

일이 아닐 수 없다.

오늘날 많은 성도들이 믿음은 신앙적 행동, 곧 신자의 행위에서 오는 것으로 착각하여 성경공부를 등한시하고 있다. 그러나 만약 우리의 믿음이 행위로 말미암은 것이면 우리의 구원은 하나님의 은혜로 말미암은 것이 아니라 행위에서 온 것이 될 것이다.

그러므로 바울은 "믿음은 들음에서 나며 들음은 그리스도의 말씀으로 말미암느니라"(롬10:17) 기록하였다. 이것은 믿는 우리가 무엇을 듣고 있느냐고 묻는 말이기도 하다. 결국 그리스도의 세계는 인간으로 알 수 없는 계시에 속한 것으로 오직 성경을 통해서 알 수 있다는 것이다. 그러므로 데오빌로와 누가는 성경에 계시된 메시아 곧 예수 그리스도에 대하여 지대한 관심을 가졌던 것을 알 수 있다.

누가는 "그 모든 일을 근원부터 자세히 미루어 살폈다"라고 기록하였다. 어떤 일이든 처음부터 그 일들의 근원을 살피지 않으면 나중에는 정말 걷잡을 수 없이 잘못된 방향으로 나아가게 된다. 그러나 누가는 지식과 믿음의 경륜을 가진 의사로서 성경으로 공부한 바를 현실 속에서 발견하고 조사하는데 부족함이 없었을 것이다.

더구나 누가는 병자를 치료하는 의사로서 자신이 터득한 지식과 경험을 바탕으로 환자의 환부와 상태와 표정 그리고 그 사람의 성격과 환경에 이르기까지 자세히 살피는 것이 일상화되었을 것이다. 더욱이 지금과 같이 의학이 발달하지 않았던 때에는 의사의 관찰력과 통찰력에 의하여 진단이 이루어지지 않았을까 싶다.

그러므로 누가는 실제로 예수님은 만나보지 못하였지만 예수 그리스도의 탄생에 대한 전후 과정을 목격한 사람들을 일일이 만나 상세히 듣고 예수님이 활동하신 현지를 방문하면서 누가복음서를 쓰기 시작했을 것이다.

그러므로 누가복음이 다른 사복음서와 달리 예수 그리스도의 탄생 과정이 소상하고 타 복음서에 누락된 일들을 상세히 기록한 것은 의사인 누가의 뛰어난 관찰력과 성경을 연구하는 학자로서의 영적 고찰력이 나타났던 것이다.

먼저 누가는 예수님의 탄생을 알기 위해 제일 먼저 예수님의 어머니 마리아를 필두로 예수님 탄생과 관련된 주변 사람들을 일일이 만나 인터뷰를 하였을 것이다. 그리고 그는 '일군 된 자들' 곧 예수님의 제자들을 통하여 간접적으로 그리스도를 만나야 했을 것이다. 그 이유는 예수 그리스도의 공생애 가운데 행하신 일들을 이들보다 더 정확하게 아는 사람들은 없을 것이기 때문이다.

오늘 누가는 서두에서 "우리 중에 이루어진 사실에 대하여"라고 증거하였다. 이는 성경이 앞서 미리 말한 바, 예수 그리스도에 관한 계시의 성취를 뜻한다. 그런데도 많은 사람이 예수를 영접하지 못하는 이유는 사실을 사실로 받아들이지 못하고 자신과의 이해관계를 먼저 생각하기 때문이다. 이것이 바로 실존주의이다.

가령 담배를 피우는 사람들이나 술을 좋아하는 사람들에게 예수를 믿으라 하면 먼저 자신이 정리해야 할 문제를 생각하게 되고 또 예수로부터 이익이 무엇인가를 생각하기 때문에 예수를 선뜻 받아들이지 못하게 된다. 따라서 실존주의자들은 인생의 끝자락에서 자신이 선택한 것이 얼마나 잘못된 것인가를 체험한 후에 하나님을 믿는 실수를 범한다. 그것이 곧 회당장 야이로의 회심이다.

분명한 것은 이 땅의 모든 사람은 어제와 오늘과 내일의 구분된 세상을 살아가고 있다. 그러나 어제는 오늘 속에 있고, 내일은 오늘의 결과이다. 그러므로 이미 이루어진 일들을 살펴보는 것은 내일의 일을 아는 지혜이기도 하다. 이처럼 성경은 과거와 현재와 미래가 시간을 초월하여 한 선에 서 있다. 그러므로 오늘도 내일도 가브리엘 천사는 성경을 읽는 우리 앞에 있다.

[기도] 사랑하는 주님! 우리에게 성경을 주셔서 감사합니다. 성경에 기록하신 말씀을 통하여 우리가 하나님의 사랑을 알고 구원자 되신 아들 예수 그리스도를 알아가는 지혜를 주셨으니 우리의 믿음이 오직 주의 말씀 안에 거하게 하소서. 예수님 이름으로 기도합니다.

[핵심연구]
1. 누가복음이 다른 복음서와 다른 것은 어떠한 것들이 있는가?
2. 우리 중에 이루어진 사실이란 무슨 뜻인가?
3. 모든 일의 근원이란 무슨 뜻인가?
4. 세상의 역사와 성경의 역사의 다른점은 무엇인가?

헤롯 왕가에 대하여

(누가복음 1:5) 유대 왕 헤롯 때에 아비야 반열에 제사장 하나가 있으니 이름은 사가랴요 그 아내는 아론의 자손이니 이름은 엘리사벳이라

유대의 역사가 요세푸스에 의하면 헤롯대왕은 B.C.4년, 70세에 죽었으므로 동방박사가 유대의 땅에 왔을 때 헤롯은 69세일 것으로 추정된다. 당시 로마황제 아우구스도(Augustus)는 헤롯을 '유대인의 왕'으로 임명하여 요르단, 시리아, 레바논을 통치하게 하였다.

헤롯은 150cm의 작은 키의 편집증 성격자로 간교하고 잔인하였다. 헤롯의 간교함에 대하여 예수께서도 "저 여우"라고 지칭하셨다(눅 13:32). 그러나 그는 전술과 외교술과 웅변술과 권모술수에 능한 정치가였다.

헤롯 가문은 에돔족 곧 에서의 후손으로 B.C. 125년에 유대 제사장 '요한 하루카누스'가 이두메를 정복하고 그 지역 사람들을 할례시켜 유대인으로 개종할 때 헤롯도 개종하여 명목상의 유대인이 되었다. 이로서 결국 이삭의 처 리브가가 에서와 야곱을 낳을 때 "큰 자가 작은 자를 섬기리라"(창25:23)는 성경 예언이 이 때에 성취된 것이다.

헤롯은 유대인의 명문의 혈통을 갖기 위해 마카비 제사장의 후예인 하스모네아 가문의 미리안네를 아내로 맞이하였고, 또 유대인의 종

교적 패권을 잡기 위하여 그의 처 미리안네의 오빠 아리스토 블르스를 대제사장으로 임명하였다.

그러나 아들 아리스토 블르스 대제사장이 뛰어난 풍채와 탁월한 언변으로 백성들로 존경을 받게 되자 질투를 느낀 헤롯은 요단강에서 축제를 열어 왕과 대제사장과 귀족들이 물놀이에 참여 시킨 뒤, 미리 준비된 암살자들로 하여 아들 아리스토 블르스를 물속에서 수장시켜버렸다. 이처럼 헤롯은 자신의 권력을 유지하기 위하여 수단과 방법을 가리지 않고 자신의 정적들을 무참히 죽였다.

헤롯이 유대의 왕으로 집권할 당시는 제1차 삼두정치가 끝나고 제2차 삼두정치가 실시된 때로서 로마는 레피두스(Lepidus), 안토니(Antony), 그리고 후일 가이사 아구스도 황제가 된 옥타비안(Octavian)이 패권을 다투고 있던 시대이다.

헤롯은 막대한 돈을 들여 호색가인 오랜 친구 안토니를 통하여 자신의 권력을 확보해 왔고, 그 세력을 이용하여 B.C.37년에 자신의 처 미리안네의 가문을 중심으로 커지려는 정치적 세력들을 무차별 처형하였다.

그러나 자신의 지지 세력인 안토니오가 애굽의 클레오파트라와 사랑에 빠져 로마에서 힘을 잃고, 악티움 해전(B.C.31년)에서 패배 후 클레오파트라와 함께 동반 자살을 하자, 헤롯은 자신의 정치적 생명을 위하여 그동안 소홀해 왔던 아우구스도 황제에게 "소인은 폐하에게도 역시 똑같이 충성스런 친구가 되기를 원합니다"라고 아부하여 유대왕으로 재가를 받았다.

유대왕으로 재가를 받고 돌아온 헤롯은 평소 종교적 입장에서 신분적 열등감을 느꼈던 아내 미리안네가 자기를 환영하지 않자 분노한 나머지 자신의 아들임에도 정적 부담을 느껴 왔던 미리안네가 낳은 두 아들 알렉산더와 아리스토 블르스를 살해하였다. 이처럼 편집증적인 성격의 헤롯에게 메시아 출생 뉴스는 커다란 쇼크였다. 그래서 그는 베들레헴 근교의 2살 아래의 사내아이들을 모두 살해한 것이다.

역사가들은 헤롯은 B.C.4년 4월4일에 있었던 월식 직후 죽었으므로 예수 그리스도는 그의 죽음 바로 전 B.C. 5년 말에 태어났을 것이라고 본다. 그러므로 오늘날 예수 그리스도의 탄생을 12월 25일 크리스마스와 일치시키려는 것은 잘못된 일이다. 사실 크리스마스 축제는 A.D. 3~4세기까지도 없었던 일이다.

또한 헤롯은 건축가로서 예루살렘 극장과 경기장을 건축하였으며 유대인의 영원한 지도자로 군림하기 위하여, 이스라엘 사람의 숙명적 염원인 성전 재건 사업을 일으켰다.

그 당시 성전은 솔로몬의 성전이 파괴된 지 70년 후 B.C. 516년에 지어진 스룹바벨 제2성전이다. 헤롯이 B.C.19년에 시작한 스룹바벨 성전의 리모델링은 예수님 당시까지 46년간 지어지고 있었지만 애석하게도 헤롯은 성전의 완공을 보지 못하고 죽었다.

[기도] 사랑하는 주님, 오늘 우리는 에서와 야곱이 태어날 때 큰 자가 작은 자를 섬기리라 하신 말씀이 그리스도의 때에 실현되었음을 목도합니다. 또한 우리는 아직도 이 땅에는 헤롯의 영들이 그리스도의 자녀들을 괴롭히고 있음을 봅니다. 그러나 주는 이 땅의 왕이시니 주의 날까지 자녀들을 지키실 것입니다. 주님 오시는 날까지 우리의 믿음이 상실되지 않도록 은혜를 더해 주십시오. 예수님의 이름으로 기도합니다. 아멘.

[핵심연구]

1. 헤롯이 유대의 왕이 된 경위를 묵상하라.

2. 성경에서 헤롯가는 어느 족속으로 불리고 있나?

3. 헤롯이 두 살 아래의 남자아이들을 죽인 이유는 무엇인가?

4. 헤롯가문이 지상에서 사라진 이유는 무엇일까?

왜 믿지 못하는가?

(누가복음 1:18) 사가랴가 천사에게 이르되 내가 이것을 어떻게 알리요 내가 늙고 아내도 나이 많으니이다
(눅 1:34) 마리아가 천사에게 말하되 나는 사내를 알지 못하니 어찌 이 일이 있으리이까

오늘날 우리는 신약의 후반부에 살고 있다. 이는 하나님의 말씀이 거의 성취된 위치에 살고 있다는 뜻이기도 하다. 이미 구약의 선지자들이 소망하던 하나님의 기름부음 받은 자 메시아는 이 땅에 오셔서 그의 몸 된 교회를 세우신 지 2000년이 지났고, 우리는 세상 끝에 서서 하나님의 약속 곧 예수 그리스도의 오심을 기다리고 있다.

이스라엘은 하나님의 택한 유일한 백성으로 역사적으로 엄청난 하나님의 은혜와 이적들을 체험하여 세상 나라들의 특별한 관심과 또 많은 시기와 질투를 받아왔었다.

그들은 하나님께 예배 드리고 하나님의 법을 따라 살아가기를 힘쓰며 하나님의 나라가 임하기를 기다렸다. 그들은 실로 메시아가 오셔서 이 땅에 왕국을 세우고 세상 열방을 모두 그들에게 주실 것을 믿었고 하나님의 평강과 영생을 누릴 것이라 믿어 왔다. 어쩌면 오늘날 우리의 입장도 메시아의 오심을 고대하던 이스라엘 백성들과 매우 비슷하다.

오늘 우리가 살펴보는 누가복음 1장에는 이 땅에서 구약과 신약을 가르는 위대한 한 남자와 한 여자가 소개되고 있다. 그 한 사람은 다윗왕조로부터 대제사장의 명문을 지켜 오던 제사장 사가랴이며, 한 사람은 다윗의 자손이지만 나사렛 동네에 이름도 없이 살아가는 요셉의 정혼녀 마리아다. 이들은 모두 하나님의 음성이 끊어진 지 400여 년이 지난 후 천사로부터 하나님의 메시지를 받았다.

천사 가브리엘은 제사장 사가랴에게 "너의 간구함이 들려 네 아내 엘리사벳이 네게 아들을 낳아 주리니 그 이름을 요한이라 하라 너도 기뻐하고 즐거워할 것이요 많은 사람도 그의 남을 기뻐하리니 이는 저가 주 앞에서 큰 자가 되며 포도주나 소주를 마시지 아니하며 모태로부터 성령의 충만함을 입어 이스라엘 자손을 주 곧 저희 하나님께로 많이 돌아오게 할 것이다"(13-16) 전하였다.

내용상으로 볼 때 별로 어려운 말은 없다. 얻지 못하던 아들을 낳으면 기쁠 것은 당연하고, 주 앞에 큰 자가 되는 것 또한 하나님의 백성 이스라엘 사람들의 소망이다. 또한 포도주나 소주를 마시지 않을 것이라는 말은 그가 이미 모태로부터 나실인으로 부름을 받았다는 증거이므로 제사장인 사가랴에게는 일생일대의 굿 뉴스가 아닐 수 없다.

그럼에도 제사장 된 사가랴는 "내가 이것을 어떻게 알리요 내가 늙고 아내도 나이가 많습니다"(18)라고 스스로 부정하였다. 장장 사백 년의 침묵을 깨고 천지가 개벽할 하나님의 메시지가 전달되는 순간에 이 무슨 뚱딴지 같은 소리인지... 과연 그가 예루살렘의 대제사장이라는 사실이 믿기지 않는다.

이와 같이 인간은 자기 눈으로 보고 자기 머리로 생각하고 눈 앞에 나타난 것을 믿는다. 우리는 이런 사람들을 가리켜 현실주의자라고 한다.

그러나 사가랴는 현실주의자는 아니다. 성경은 그를 가리켜 하나님 앞에 의인이라 칭하였다. 한마디로 그는 하나님의 백성답게 산다는 뜻이다. 그러나 하나님의 백성도 성경에 기록된 살아 있는 하나님의 말씀과 함께 살지 않으면 실존주의자가 된다.

또한 천사 가브리엘로부터 하나님 아들을 낳을 것이라는 수태고지를 받은 마리아는 어떠했는가? 천사가 마리아에게 "보라 네가 잉태하여 아들을 낳으리니 예수라 하라 저가 큰 자가 되고 지극히 높으신 이의 아들이라 일컬을 것이요 주 하나님께서 그 조상 다윗의 위를 저에게 주시리니 영원히 야곱의 집에 왕 노릇 하실 것이며 그 나라가 무궁하리라"(30-33) 전하였다.

그때 마리아 역시 "내가 사내를 알지 못하니 어찌 이 일이 있겠는가?"(34) 반문하였다. 이와 같이 메시아의 언약 속에 있는 사람들 조차 인간의 한계를 뛰어넘지 못하고 있었다.

그러나 그들이 성령의 충만함을 받았을 때 어떠하였는가? 그들은 주를 바라보며 기쁨에 충만하여 메시아를 송축하지 않았는가? 그러면 오늘날 우리는 어떠한가? 예수 그리스도의 오심과 죽으심과 부활하심과 다시 오심을 믿는 우리는 과연 종말의 때에 일어날 대환난에 대하여 어떻게 생각하고 있는가? 예수 그리스도의 재림과 천년왕국에 대하여 어떻게 생각하고 있는가?

그러므로 만약 당신이 성령의 은총을 받지 못한다면 성경의 말씀은 그림의 떡이 될 것이다. 그러나 성령의 충만함 속에 있는 당신은 성경에 기록된 하나님의 모든 말씀이 능치 못함이 없으심을 믿으며 우리의 삶이 말씀 속에 있음을 알게 될 것이다.

[기도] 사랑하는 주님! 주의 거룩하신 이름을 송축합니다. 또한 우리로 성경의 말씀대로 주의 다시 오심을 믿게 하시고 성령의 인도함을 받는 거룩한 백성으로 살아가게 하심을 감사드립니다. 성경에 기록하신 모든 말씀을 묵상하며 주의 은혜를 상실치 않게 하소서. 예수님 이름으로 기도합니다. 아멘.

[핵심연구]
1. 제사장 사가랴는 누구의 후손인가?
2. 사가랴는 왜 가브리엘 천사의 메시지를 믿지 못했는가?
3. 천사의 메시지를 받은 마리아의 반응은 어떠했는가?
4. 당신이 성경의 말씀을 온전히 믿지 못하는 이유는 무엇인가?

인구조사의 미스터리

(누가복음 2:1,2) 이때 가이사 아우구스토가 영을 내려 천하로 다 호적하라 하였으니 이 호적은 구레뇨가 수리아 총독 되었을 때 첫 번 한 것이라

로마황제 아우구스토의 본명은 가이우스 옥타비아누스(Gaius Octavius)로서 그가 황제가 되기 이전 B.C.63년부터 B.C. 27년까지 옥타비안(Octavian)으로 불리었다. 그는 B.C.63년에 태어나 당시 삼두정치 세력속에서 유력한 후보 안토니우스(Antonius)를 물리치고, B.C.27년에 로마 원로원은 그에게 '아우구스투스' 곧 '장엄하고 숭고하며 최고의 숭배'라는 칭호로 황제에 봉하였다.

아우구스토 황제의 성격은 정권을 쟁취하기까지는 매우 무자비한 사람으로 평가되었으나 후일 황제가 된 후에는 현명한 행정가요 군대와 경호원들을 잘 다스리고 훈련하는 조직적이고 합리적인 전술가로 자리를 잡았으며, 비상한 정치적 재능으로 전 세계를 지배하였다.

그는 '로마의 평화'(Pax Romana) 제창자로서 점령지의 풍습과 종교를 이해하고, 로마의 법률과 충돌되지 않는 범위 안에서 점령지의 법률에 따라 지방자치를 하도록 배려하였으며 예술과 문학을 장려하였고 건축에도 지대한 관심을 가진 유능한 로마황제의 대부로 불리었다. 또한 그는 교활한 정치가인 헤롯을 유대의 왕으로 임명하였다.

누가는 2장 서두에서 그 당시의 인구조사에 대하여 언급하여 "이 때에 가이사 아우구스토가 영을 내려 천하로 다 호적하라 하였으니 이 호적은 구레뇨가 수리아 총독되었을 때에 첫번 한 것이라"(1,2) 기록하였다.

많은 사람들이 누가가 그레뇨 수리아 총독의 때를 언급한 것을 두고 누가의 실수라고 말하기도 한다. 저명한 성경학자인 바클레이도 그의 주석에서 A.D.6년에 구레뇨가 시리아 총독이 된 것이라면 누가의 오류라고 구술하였다. 그러나 석의해석에 저명한 람제이(W.M. Ramsay)에 의하면 구레뇨는 수리아 총독으로 두 번 임명 받았다고 진술하였다.

만약 이 기록이 누가의 오류라고 하면 성경의 무오함을 믿는 우리 교회는 큰 문제에 봉착하게 된다. 사도 바울이 "모든 성경은 하나님의 감동으로 된 것"(딤후3:16a)이라 증거한 것과 같이 성경의 실체적 저자는 성령이기 때문이다. 그러므로 누가의 오류를 말하는 것은 성경의 무오함을 부정하는 행위가 된다.

그 당시 로마는 점령지의 통치를 위하여 주기적으로 인구조사를 하였다. 고대사 기록에 나타난 로마의 인구조사는 A.D.34, 62, 90, 104, 118, 132, 146, 174, 188, 202, 216, 230년에 있었고, 또 간접적 보고서에 A.D.20년과 A.D.48년에도 있었음을 볼 때, 로마의 인구조사는 14년을 주기로 제도적으로 실시되었다. 로마정부가 이처럼 지배국가에 대하여 주기적으로 인구조사를 한 것은 인두세를 징수하기 위해서이다.

이러한 역사적인 인구조사 주기를 추정하면 B.C.8년에 인구조사가 있었음을 예측할 수 있으며(눅2:1), 그 이전의 기록이 없는 것으로 보아 로마의 인구조사는 B.C.8년에 처음 시작된 것이라고 보는 것이 역사적 견해이다.

그렇다면 가이사 아우구스토가 명령한 인구조사는 B.C.8년에 실시된 것인데, 누가가 "이 호적은 구레뇨가 수리아 총독되었을 때에 첫번 한 것이라"고 주석을 단 이유는 무엇일까?

누가가 그 당시의 인구조사를 구레뇨가 첫번 한 것이라 언급한 것은 그의 두번째 서신인 사도행전 5장 37절에 언급된 두번째 인구조사를 염두에 둔 것이다. 그러나 여기서 문제는 아우구스토 황제가 명한 인구조사는 B.C.8년인데 반하여, 구레뇨가 실시한 첫번째는 B.C.4년이므로 4년의 갭이 생기는데 있다.

여기서 우리는 예수의 탄생은 헤롯이 죽기 전 B.C. 4년 이전 즉 B.C. 5년 하순경이라 할 때, 그 당시 정치적인 상황을 고려해야 한다. 그 당시 로마정부는 주변국가들과 여러 차례 전쟁을 겪은 터라 심각한 재정 상태에 놓여 있었다.

이것을 해결하기 위해서 점령국에서 많은 세금을 징수하기 위해 인구조사를 해야 하는데 유대의 인구조사는 종교적인 문제가 대두되었다. 이와 관련하여 누가는 사도행전 5장 37절에서 호적과 관련하여 갈릴리 유다의 난이 있었음을 기록하였다.

더구나 유대의 지배자 헤롯은 아내이자 제사장의 딸인 미리암네가 낳은 아들 아리스토 블르스가 대제사장이 되어 정치적으로 정적이 되자 그를 죽였기 때문에 유대인 공회와 심각한 적대 관계였다.

그러므로 헤롯이 로마정부의 인구조사를 협조하면 반란을 감수해야 했기 때문에 정치적 수단을 발휘하여 최대한으로 지연시킬 수밖에 없었다. 이와 같은 상황으로 유대에서 인구조사가 힘들게 되자 할 수 없이 로마황제는 구레뇨를 수리아 총독으로 임명하여 인구조사를 강행하게 된 것이다.

[기도] 사랑하는 하나님, 오늘 우리로 하여금 누가의 글을 통해서 예수 그리스도의 탄생에 대한 역사적 사실을 자세히 알게 하심을 감사드립니다. 만약 이러한 역사적 기록을 남기지 않았다면 예수님의 탄생을 부인하는 사람들의 항변을 이겨낼 수 없었을 것입니다. 우리에게 성경의 모든 기록을 충분히 이해할 수 있도록 지혜를 주십시오. 예수 그리스도의 이름으로 기도합니다. 아멘.

[핵심연구]
1. 가이사 아우구스토는 왜 인구조사를 명하였는가?
2. 누가가 수리아 구레뇨 총독의 때를 주석한 이유는 무엇인가?
3. 유대에서 인구조사가 제대로 실시되지 않은 이유는 무엇일까?

예수를 기다리는 사람들

(누가복음 2:11) 오늘날 다윗의 동네에 너희를 위하여 구주가 나셨으니 곧 그리스도 주시니라

이스라엘 백성은 아브라함으로부터 메시아의 계보적 사명을 갖고 태동한 선민이다. 그러므로 메시아의 족보는 항상 인류의 조상 아담과 민족의 조상 아브라함 그리고 위대한 통치자 다윗을 통해 소개되고 있다. 지금도 그들은 다윗의 자손 메시아의 왕국을 소망하며 이스라엘의 역사를 이어 가고 있다. 그러나 불행히도 그들은 구원자 메시아의 오심을 영접하지 않았다.

사실 그 당시 예루살렘 성전 안에는 2만명이 넘는 레위사람들이 순번을 따라 예배를 집도하며, 대대로 이어온 제사장 가문, 장로들, 서기관들은 고사하고 회당마다 얼마나 많은 사람들이 경건함을 자랑하고 있었는가? 그들은 스스로 가문의 명예를 자랑하며, 예배와 의로움을 뽐내는 사람들이 아니었던가? 그럼에도 그들은 아브라함으로부터 계시된 다윗의 자손 메시아를 고대하고 있지 않았다.

메시아의 탄생 소식은 천사들에 의해서 베들레헴 지경의 목자들에게 "오늘 다윗의 동네에 너희를 위하여 구주가 나셨으니 곧 그리스도 주시라 너희가 강보에 싸서 구유에 누인 아기를 보리니 이것이 너희의 표적이라"(11,12)전하였다. 만약 지구상에 짐승의 먹이통 '구유'에서 태어난 사람이 한 사람이라도 있다면 이 사건은 '표적'이 될 수 없다.

천사의 말을 들은 목자들은 "주께서 우리에게 알리신 우리 앞에 이루어진 일을 보자"하고 달려갔다. 이 얼마나 순수한 믿음인가? 만약 유대인들이 그들 중에 이루어진 사실들을 살펴보았다면 예수 그리스도의 탄생이 이처럼 초라하지는 않았을 것이다. 그러나 세상이 그리스도의 오심을 원하지 않고 있었을 때에도 이 땅에는 하나님의 아들예수를 기다리는 예비된 사람들이 있었다.

요셉과 마리아 부부는 모세의 할례의 법을 따라 8일째 되는 날 천사가 이른 대로 아기의 이름을 "예수"라 하였다. 그들이 아기 예수에게할례를 베풀었을 것은 당연한 일이다. 할례를 받지 않은 자는 이스라엘 백성 중에서 끊어지리라 하였기 때문이다.

또한 그들은 모세의 법에 규정된 율법에 따라 첫 태에 처음 난 남자를 성별하여 주께 드리는 결례를 행하기 위해 예루살렘에 올라갔다.그들이 비둘기 한 쌍으로 제사를 드린 것으로 보아 그들의 생활이 얼마나 어려웠음을 알 수 있다.

마리아 부부가 아기 예수를 데리고 성전에 들어가 예배를 드리고 있을 때 마침 하나님의 위로를 기다리는 경건한 유대인 시므온이란 사람이 있었다. 그는 성령으로부터 주를 보기 전에는 죽지 않을 것이라는 지시를 받았었다. 그는 아기를 안고 하나님을 찬송하여 "내 눈이 주의 구원을 보았사오니 이는 만민 앞에 예비하신 것이요 이방을 비추는 빛이요 주의 백성 이스라엘의 영광이니이다" 송축하였다.

더욱 흥미로운 것은 성전 안에서 과부 된 지 팔십사 년 된 아셀지파의 안나라는 예언자이다. 그녀는 출가하여 일곱 해를 남편과 살다가 사별하였으니 그녀의 나이는 100세가 넘었을 것이다. 그럼에도 과부 안나는 예루살렘의 구속을 바라며 주야로 금식하며 기도함으로 섬겼다고 기록되었다.

반면, 이 종말의 시대를 살며 하나님의 위로와 온전한 구속을 바라는 사람들 중에 과연 구원자 예수 그리스도의 다시 오심을 고대하며, 성경의 계시를 믿으며 금식으로 기도하는 사람들이 얼마나 있을까 싶다. 그러므로 이제라도 우리가 무엇을 할 것인가를 생각해 보아야 할 것이다.

[기도] 사랑하는 하나님, 오늘 우리는 예수 그리스도의 다시 오심을 고대하고 있습니다. 예수께서 친히 말씀하시고 가르치신 시대를 살아가면서도 우리는 예수님을 이 땅에서 맞이한 요셉과 마리아와 같은 순전한 믿음을 갖지 못하고 있습니다. 우리에게 시므온과 같은 소명을 주시고 안나와 같은 순전한 믿음을 주십시오. 예수님 이름으로 기도합니다. 아멘.

[핵심연구]
1. 구유에 누인 아기 예수가 왜 표적이 되었을까?
2. 예수라는 이름의 뜻은 무엇인가?
3. 요셉과 마리아는 왜 하나님의 아들 예수에게 할례를 베풀어야 했을까?
4. 시므온은 어떤 믿음을 가졌는가?
5. 과부 안나를 통하여 우리가 얻어야 할 믿음은 무엇인가?

칼이 네 마음을 찌르듯 하리라

(누가복음 2:35) 또 칼이 네 마음을 찌르듯 하리라 이는 여러 사람의 마음의 생각을 드러내려 함이니라 하더라

누가는 천사들이 전해준 좋은 소식을 확인하러 온 목자들이 전하여 준 말에 대하여 나타난 두 가지 반응을 기록하여 "듣는 자가 다 목자의 말하는 일을 기이히 여기되 마리아는 이 모든 말을 마음에 지키어 생각하였다"(18,19) 기록하였다. 똑같은 시간에 같은 증인의 말을 들은 마리아와 다른 사람들의 반응은 왜 이렇게 다를까?

우리가 구약에서 살펴보았지만, 예수님의 수태고지가 이르기까지 400여 년간 이스라엘 백성에게 하나님의 메시지는 중단되었다. 그 사이 이스라엘 백성은 예루살렘을 향한 종교의식과 율법을 지키며 살아야 하는 종교인이 되었다. 그러나 마리아는 이미 천사를 만났었고 또 성령의 충만함을 받아 이 땅에서 이루어질 일들에 대하여 하나님을 찬송한 바 있다(눅1:46-55 참조).

마리아는 천사를 만난 체험과 영적 지식을 가지고 있었고 엘리사벳을 통하여 천사의 예언이 그대로 이루어진 것을 목격한 첫 여인이었다. 그러나 33절을 보면 "그 부모가 그 아기에 대한 말들을 기이히 여기더라" 기록되었다. 이것은 마음에 지키어 생각했던 먼저의 상황과는 또 다른 상황이다. 목자의 말을 듣던 다른 사람들과 같은 입장이

다. 어떤 상황이 일어난 것일까?

마리아는 비록 하나님의 은혜를 입어 천사로부터 수태고지를 받고 아기를 잉태하고 또 성령의 충만함을 받아 세기를 초월한 최고의 복을 받은 여인임을 노래하였지만, 그녀는 한 남편의 아내였고 이스라엘의 가난하고 평범한 사람들 속에 살아가는 한 여인에 불과하였다.

우리가 기도원이나 또는 특별집회에 참가하여 성령의 충만함을 받아 하나님을 찬송하고 그의 은혜를 노래하게 되지만 집으로 돌아오면 얼마 안 되어 그 은혜의 시간은 잊어버리고 다시 일상으로 돌아오는 것처럼 말이다.

마리아 부부가 아기 예수를 데리고 성전에 들어가 예배를 드리고 있을 때 마침 하나님의 위로를 기다리는 경건한 유대인 시므온이란 사람이 있었다. 그는 성령으로부터 주를 보기 전에는 죽지 않을 것이라는 지시를 받았었다.

그는 아기 예수를 안고 하나님을 찬송하여 "내 눈이 주의 구원을 보았사오니 이는 만민 앞에 예비하신 것이요 이방을 비추는 빛이요 주의 백성 이스라엘의 영광이니이다"(30-32)송축하였다. 시므온은 아기 예수를 보는 순간 그는 성경에 계시된 메시아이심을 알고 있었다.

이때 시므온이 마리아에게 말하여 "보라 이 아이는 이스라엘 중 많은 사람의 패하고 흥함을 위하며 비방을 받는 표적 되기 위하여 세움을 입었고 또 칼이 네 마음을 찌르듯 하리라 이는 여러 사람의 마음의 생각을 드러내려 함이니라"(34,35) 하였다. 여기서 '이스라엘 중 많은 사람의 패하고 흥함'이란 말은 어떤 사람은 흥하고 망한다는 뜻이며, '비방을 받는 표적'이란 어느 시대를 막론하고 예수를 믿는 사람들은 비방을 받을 것이라는 뜻이다.

또한 "또 칼이 네 마음을 찌르듯 하리라"는 부분을 킹제임스 성경은 "참으로 칼이 네 혼도 찔러 꿰뚫으리라" 해석하였고 "이는 여러 사람의 마음의 생각을 드러내려 함이니라"하였으므로 예수에 관해서는 믿던지 부인하던지 칼이 마음을 관통하는 것처럼 분명하게 드러날 것이라는 뜻이다. 오늘날까지도 이 부분은 분명하게 드러나고 있다.

오늘 성경은 시므온의 헌신을 통하여 그리스도와의 온전한 만남을 위하여 어떻게 살아야 할 것인지, 또한 늙은 과부 안나의 삶을 통하여 그리스도인의 삶의 고통이 무엇이며 인생의 궁극적인 소망이 무엇이며 그를 위하여 어떻게 살아가야 할 것인가를 말하고 있다. 성경은 우리에게 시므온과 안나를 통하여 주의 오심까지 세상에 휘말리지 않고 오직 그의 은혜 속에 살 수 있는 방법을 전하고 있다.

[기도] 사랑하는 주님, 우리 또한 과부 안나와 같은 심령으로 다시 오실 예수 그리스도를 기다리게 하소서. 예수님의 이름으로 기도합니다. 아멘.

[핵심연구]
1. "비방을 받는 표적"이란 무슨 뜻인가?
2. "칼이 네 마음을 찌르듯 하리라"는 무슨 뜻인가?

예수님의 어린시절

(누가복음 2:52) 예수는 그 지혜와 그 키가 자라가며 하나님과 사람에게 더 사랑스러워 가시더라

최초의 인간 아담의 경우는 하나님께서 지으실 때 부족함이 없는 성인으로 지으셨기 때문에 그는 하나님에 대한 지식과 지혜를 갖고 있었을 것이다. 그러나 오늘 하나님의 아들 예수님은 보편적인 아이들처럼 성장하였음을 알 수 있다.

누가는 예수님의 어린시절에 대하여 "아이가 자라며 강하여지고 지혜가 충족하며 하나님의 은혜가 그 위에 있더라"(52) 증거하였다. 다른 복음서에는 예수 그리스도의 어린 시절과 성장기에 대하여 침묵하고 있는 반면 누가는 아주 간략하게나마 우리가 그 과정들을 미루어 생각할 수 있도록 기록하였다.

많은 사람들이 예수님의 탄생에 나타난 신적인 요소를 보고 아마 예수님은 보통 인간이 아닌 월등하고 특별한 사람으로 탄생하시고 또 성장 과정에서도 그 표적과 이적들이 나타났을 것으로 생각하기 쉽다.

그러나 "아이가 자라고 강해지고"(40)라는 말은 체질적인 것과 성품에 관한 것을 설명한 것으로 예수께서도 보편적인 성장과정 속에서

자라났음을 알 수 있다. 또한 "지혜가 충족하며"라는 기록은 예수께서 완성된 지혜를 갖고 태어나지 않았다는 것을 뜻한다. 이와 같이 이 지구상에 태어나면서부터 완전한 지혜를 갖고 태어난 사람은 없다. 그러므로 "아이가 자라며"라는 말은 성장의 과정을 전제로 한다.

우리는 누가의 기록을 통하여 예수님은 죄성이 없으신 하나님의 아들로 탄생하셨지만 그 성장과정에 있어서는 보통 사람들과 같은 과정과 생활을 하셨음을 알 수 있다.

또한 우리는 "하나님의 은혜가 그 위에 있더라"(40b)는 말씀을 통하여 예수님의 성장 과정에 따라 하나님의 지식과 지혜를 더해 사셨음을 알 수 있다. 따라서 예수님은 신체적으로 우리와 같이 음식물을 필요로 했고 삶에 필요한 지식들을 터득하며 지혜를 더해 가셨음을 알 수 있다.

그러면 보통 사람으로서 예수님은 어떻게 성경적인 지식들을 알아서 회당에서 말씀을 가르칠 수 있었겠느냐 반문할 수 있지만, 우리는 누가의 증거를 통하여 예수께서는 어려서부터 성경 말씀에 관심을 갖고 공부하셨음을 알 수 있다.

누가는 마리아 부부가 열두 살의 예수를 데리고 유월절을 지키기 위해 예루살렘에 올라왔던 사실을 기록하였다. 이는 당시 예루살렘 32키로 반경에 사는 성인 남자들은 모든 절기 때마다 예루살렘 성전으로 올라가야 했고, 열두 살의 예수님도 이스라엘의 전통에 따라 성인식을 행하였음을 알 수 있다.

절기의 축제는 7일간 이어졌는데 축제를 마치고 수많은 사람들과 함께 각자의 집으로 돌아 갈 때 마리아와 요셉의 부부도 서둘러 행렬 속으로 들어갔을 것이다. 명절 귀향길이라고 생각할 때 얼마나 혼잡한 상황이었을지 익히 짐작할 수 있다.

요셉과 미리아 부부는 한참 가는 도중에 아들 예수가 없는 것을 발견하고 다시 예루살렘으로 올라갔다. 성인식을 마쳤음에도 아들 예수가 걱정스러웠나 보다.

사흘 후에 그들은 성전에서 선생들과 문답을 하고 있는 예수를 발견하였다. 이것은 이스라엘 스승들이 가르치는 방법 중의 하나로 유대인들은 서로 문답을 통하여 질문을 하고 답변을 하였다. 이 상황에 대하여 누가는 "듣는 자가 다 그 지혜와 대답을 기이히 여겼다"(47) 기록하였다. 이것은 소년 예수의 성경적인 지식과 관찰력과 지능을 단적으로 조명한 것이기도 하다.

요셉과 마리아는 아들 예수를 발견하자 보통 부모들처럼 "아이야 어찌하여 우리에게 이렇게 하였느냐 보라 네 아버지와 내가 근심하여 너를 찾았었다"(48) 책망하였다.

이 때 예수는 "어찌하여 나를 찾으셨나요 내가 내 아버지 집에 있어야 될 줄을 알지 못하셨나요"(49)라고 대답했다. 이 기록은 우리를 당혹하게 하지만, 예수님은 아들의 탄생 과정을 잘 아는 두 분이야 말로 자신이 하나님의 아들이심을 알고 있을 것이며, 당연히 자신이 하나님의 집에 있어야 할 것이 아니냐고 반문한 것이다.

그러나 성경은 "그 양친은 아들 예수의 말을 깨닫지 못하였다"(50)고 기록한 것을 보아 요셉과 마리아는 아들 예수를 하나님의 아들이라는 개념보다는 사랑하는 어린 아들로 여겨 왔음을 알 수 있다.

또한 우리는 "그 모친은 이 모든 말을 마음에 두었다"(51b)는 기록을 통하여 마리아의 마음속에 살아있는 믿음의 세계를 엿볼 수 있다. 이와 같이 인간은 현실세계와 영적세계를 동시에 살아가고 있다.

끝으로 누가는 예수님의 평범한 일상에 대하여 "예수께서 한가지로 내려 가사 나사렛에 이르러 수종하여 받드시더라"(51) 기록하였다. 이는 예수께서 성령이 그리스도의 사역으로 이끌기 전까지는 나사렛에서 보통 사람들처럼 부모와 형제들을 섬기며 자신의 일을 하며 사셨음을 알 수 있다.

[기도] 사랑하는 주님, 오늘 우리는 이 말씀을 통하여 하나님의 은혜 가운데 흠 없이 성장하시는 예수님의 모습을 보았습니다. 오늘날과 같이 가정교육이 무너지고 있는 이때에 하나님과 사람에게 사랑을 받는 청소년들이 태어나게 하소서. 예수님의 이름으로 기도합니다. 아멘.

[핵심연구]
1. 예수님은 왜 12살에 성인식을 받으셔야 했는가?
2. "아이가 자라며 강하여지고 지혜가 충족하였다"는 것은 무엇을 뜻하는가?
3. "키가 자라가며 하나님과 사람에게 더 사랑스러워 가시더라"는 무엇을 증거하는가?

회개에 합당한 열매

(누가복음 3:8,9) 그러므로 회개에 합당한 열매를 맺고 속으로 아브라함이 우리 조상이라 말하지 말라 내가 너희에게 이르노니 하나님이 능히 이 돌들로도 아브라함의 자손이 되게 하시리라 이미 도끼가 나무뿌리에 놓였으니 좋은 열매 맺지 아니하는 나무마다 찍혀 불에 던지우리라

누가는 세례 요한의 성장 과정과 사역의 시작에 대하여 "아이가 자라며 심령이 강해지며 이스라엘에게 나타나는 날까지 빈들에 있으니라"(눅1:80) 기록하였으며, 또한 "안나스와 가야바가 대제사장으로 있을 때에 하나님의 말씀이 빈들에서 사가랴의 아들 요한에게 임한지라"(눅3:2) 기록하였다.

제사장의 아들로서 빈들에서 성장하였다는 것은 참으로 기이한 일이다. 제사장의 아들이니 당연히 성전에서 율법과 제사장의 교육을 받았어야 하는데 말이다. 또한 우리는 "아이가 자라며 심령이 강해지며"라는 말씀을 통하여 세례 요한의 영적생활이 부모나 율법의 지시가 아니라 심령으로부터 하나님의 음성을 들으며 성장하였음을 알 수 있다.

오늘날 아이들의 성장과정을 살펴볼 때 참으로 위태하고 심히 걱정스럽다. 특별히 우리나라는 교육열이 지나쳐 어려서부터 어린이 공

부방, 피아노 학원, 영어 학원을 전전하며 끌려 다닌다. 창조의 신비와 주의 은혜 속에서 정서적 풍요로움을 누려야 할 어린아이들이 부모들의 강요에 의해 혹사당하고 있는 것이다.

물론 많은 것을 배우고 터득하는 것이 나쁜 일은 아니다. 그러나 중요한 것은 아이들의 성장기에 온전한 가정생활 속에서 윤리의 균형을 갖춘 인성훈련이다. 그럼에도 오늘날 아이들은 현대 물질문명 속에서 부모의 사랑의 손길과 대화가 끊긴 채 정서적으로 메말라가고 있다.

세례 요한이 빈들에서 자랐다는 것은 그의 심령 속에서 성령이 역사하여 그에게 주어진 소명에 대한 의식 가운데 자라왔다는 뜻이다. 말씀이 심령 속에서 역사한다는 것은 참으로 귀한 일이 아닐 수 없다. 또한 아이의 소명을 아는 사가랴 부부는 세례 요한으로 하나님의 말씀을 들을 수 있는 환경을 조성하였을 것이다.

누가는 세례 요한의 사역적 권세에 대하여 "모든 백성과 세리들은 이미 요한의 세례를 받은 지라 이 말씀을 듣고 하나님을 의롭다 하되 오직 바리새인들과 율법사들은 그 세례를 받지 아니한지라 스스로 하나님의 뜻을 저버리니라"(눅7:29-30) 기록하였다. 그러므로 세례는 그에게 주신 하나님의 권세로서 세례를 받는 자들은 모두 하나님의 뜻을 알고 오실 자 예수 그리스도를 알게 되었던 것이다.

세례 요한은 이스라엘 백성들을 향하여 "그러므로 회개에 합당한 열매를 맺고 속으로 아브라함이 우리 조상이라 말하지 말라 내가 너희에게 이르노니 하나님이 능히 이 돌들로도 아브라함의 자손이 되게 하시리라"(8) 선포하였다.

회개에 합당한 열매란 택하신 하나님의 백성으로서의 온전한 삶을 뜻한다. 그 이유는 그들은 항상 자신들은 조상 아브라함의 자손으로 하나님의 택하신 거룩하고 의로운 백성임을 자랑하였기 때문이다.

계속하여 세례 요한은 "이미 도끼가 나무뿌리에 놓였으니 좋은 열매 맺지 아니하는 나무마다 찍혀 불에 던지우리라"(9) 선언하였다. 이는 임박한 심판을 예고한 것이다. 그러자 그의 말을 들은 수많은 무리들이 나와서 "우리가 무엇을 하오리까?" 외쳤다. 세리들과 로마군인도 세례 요한을 찾아와 "선생이여 우리가 무엇을 하리까?" 물었다. 이 얼마나 놀라운 광경인가?

이것은 그 당시 사람들은 자신들의 영혼을 위하여 무엇을 해야 하는지 알지 못하던 혼돈의 시대였음을 증명한다. 이들에게 필요한 것은 먹고 마실 것이 아니었다. 그들은 자신의 영혼의 문제에 대한 해답을 갖지 못하고 있었던 것이다.

지금부터 60여 년 전 미국에서의 일이다. 그 당시 미국은 정치적 혼란기에 휩싸여 젊은이들이 일상적인 삶을 거부하고 거리로 쏟아져 나와 히피생활을 하던 국가적 혼란기였다. 아직 우리나라는 이러한 혼란기에 이르지 않았지만 갈수록 거리로 쏟아져 나오는 젊은이들을 생각할 때 장차 이 나라에도 그러한 일이 나타나지 않을까 심히 두렵기만 하다.

그 때 한 침례교의 작은 목사였던 척 스미스 목사는 17년간의 목회에서 실패하고 소명의 기로에 있었을 때였다. 할 일 없이 부인과 함께 캘리포니아 해변을 거닐다가 도요새처럼 떼를 지어 거니는 젊은이들을 보며 탄식하던 척 스미스 목사는 그들을 모아 성경을 가르치기 시작했다. 이것이 오늘날 미국 최대교회 25개 중 열둘을 석권한 갈보리 채플 사역의 시작이다.

오늘날 우리는 어떠한가? 교회가 커피숍만큼이나 즐비한 이 나라의 장래는 어떠한가? 과연 우리 부모들은, 우리 위정자들은, 우리 젊은이들은 평안한가? 자기 영혼의 갈 바를 알고 있는가? 자기가 왜 살고 있는지 알고 있는 것인가? 그러므로 "이미 도끼가 나무뿌리에 놓였으니 좋은 열매 맺지 아니하는 나무마다 찍혀 불에 던지우리라"하신 말씀은 우리에게도 합당한 메시지이다.

[기도] 사랑하는 하나님, 오늘날 우리는 정말 영적으로 심각한 시대를 살고 있습니다. 갈수록 젊은이들이 교회를 떠나고 교회에서 합당한 예배가 사라지고 있습니다. 이제 다시 오실 예수 그리스도를 맞이할 때가 가까웠으니 회개의 메시지를 전할 선지자를 보내 주소서. 예수님의 이름으로 기도합니다. 아멘.

[핵심연구]

1. 세례 요한은 누구인가?
2. 제사장의 아들로 빈들에서 살았다는 기록은 무엇을 깨우치는가?
3. 합당한 열매란 무엇을 뜻하는가?

독사의 자식들에게 주는 메시지

(누가복음 3:16,17) 나는 물로 너희에게 세례를 주거니와 나보다 능력 많으신 이가 오시나니 나는 그 신들메를 풀기도 감당치 못하겠노라 그는 성령과 불로 너희에게 세례를 주실 것이요 손에 키를 들고 자기의 타작마당을 정하게 하사 알곡은 모아 곡간에 들이고 쭉정이는 꺼지지 않는 불에 태우시리라

세례 요한은 자신의 사명인 '물세례'와 예수님의 '성령의 세례'를 대비하여 소개하였다. 그러나 사실 그 시대에 '물세례'라는 말은 새로운 개념이며 새로운 모험이었다. 그런 시대에 '성령의 세례'라는 말은 삼국시대에 비행접시처럼 더욱 생소한 신조어였을 것이다.

그러나 그들이 세례 요한이 베푼 '물세례'를 통하여 심령의 변화를 받아 하나님의 뜻을 알 수 있었듯이 세례 요한의 입을 통하여 선포된 '성령의 세례'는 복음의 시대를 열어가는 예수 그리스도를 소개함에 가장 적절한 메시지였다.

하나님 나라에 갈급한 그들에게 '성령세례'는 신선한 충격의 메시지였을 것이 분명하다. 물이 아닌 영적 매개체로의 초대라고 할 때 그들의 마음속에 신비의 세계를 도전케 하는 메시지였을 것이다. 더욱이 400년 만에 나타난 엘리야를 방불케할 예언자의 외침이라 할 때 '성령의 세례'는 쇼킹한 메시지였을 것이다.

세례 요한은 세례 받으러 나오는 무리를 향하여 "독사의 자식들아 누가 너희를 가르쳐 장차 올 진노를 피하라 하더냐"(7) 외쳤다. 예언자가 아니면 감히 선언할 수 없는 메시지이다.

그는 계속하여 "그러므로 회개에 합당한 열매를 맺고 속으로 아브라함이 우리 조상이라 말하지 말라"(8), "이미 도끼가 나무 뿌리에 놓였으니 좋은 열매 맺지 아니하는 나무마다 찍혀 불에 던지우리라"(9) 경고하였다.

여기서 열매란 심겨진 씨앗의 최종 결과이다. 또한 열매는 자신과 똑같은 많은 열매를 맺기 위한 새로운 씨앗으로 다시 말하여 세례 요한은 아브라함의 의를 따르는 백성들의 믿음의 씨앗을 요구한 것이다.

계속하여 세례 요한은 예수 그리스도로부터 오는 '성령의 세례'와 함께 '불의 세례'를 소개하였다. 오늘날 성도들에게 '성령의 세례'는 그리 생소한 말은 아니다. 그러나 아직도 많은 성도들이 '성령의 세례'나 '불의 세례'를 오해하고 있고 정확한 지식을 갖지 못하고 있다.

여기서 알아야 할 것은 성령세례는 우리가 예수를 믿을 때 성령이 우리 안에 내주하시는 것과는 다른 개념이다. 다시 말하여 성령의 내주하심은 예수를 믿는자에 대한 영적 인증이라할때 성령의 세례는 그리스도의 의의 열매를 맺기 위한 영적능력이다.

그러면 불의 세례는 과연 무엇일까? 세례 요한은 불의 세례를 소개하며 "손에 키를 들고 자기의 타작마당을 정하게 하사 알곡은 모아 곡간에 들이고 쭉정이는 꺼지지 않는 불에 태우시리라"(17) 증거하였다. 여기서 알곡은 열매의 최종 목표이며 중요한 역할이다. 그러므로 불의 세례란 우리 심령의 더러운 것들을 태워 알곡을 만드는 그리스도의 권능을 뜻한다.

그러면 오늘날 예수 그리스도를 믿어 하나님의 자녀라고 굳게 믿는 당신은 어떠한가? 당신은 회개에 합당한 열매를 맺고 있는가? 술, 담배, 음행, 간음, 도박으로부터 자유로운가? 그러나 당신이 아직도 세상을 즐기며 살고 있다면 도끼에 찍혀 불에 던지기 전에 온전한 회개의 열매를 맺어야 할 것이다.

바울은 우리에게 "너희가 그 때에 무슨 열매를 얻었느뇨 이제는 너희가 그 일을 부끄러워하나니 이는 그 마지막이 사망임이니라 그러나 이제는 너희가 죄에게서 해방되고 하나님께 종이 되어 거룩함에 이르는 열매를 얻었으니 이 마지막은 영생이라"(롬6:21,22) 증거하였다.

[기도] 사랑하는 주님, 종말의 때를 살아가는 우리의 연약함을 위로하소서. 주께서 우리를 부르시고 의롭다 하신 것은 우리로 이 땅을 사는 동안 합당한 복음의 열매를 맺게 하신 것인데 우리는 먹고 살아가는데 모든 것을 쏟고 있습니다. 믿음이 없는 우리를 성령과 불로서 다스려 주시옵소서. 예수님의 이름으로 기도합니다. 아멘.

[핵심연구]

1. 물세례와 성령세례의 다른 점은 무엇인가?
2. 불로 태운다는 말은 무엇을 뜻하는가?

주의 은혜의 해

(누가복음 4:18,19) 주의 성령이 내게 임하셨으니 이는 가난한 자에게 복음을 전하시려고 내게 기름을 부으시고 나를 보내사 포로된 자에게 자유를 눈먼 자에게 다시 보게 함을 전파하며 눌린 자를 자유케 하고 주의 은혜의 해를 전파하게 하려 하심이라

예수께 성령이 임하신 것은 먼저 "가난한 자에게 복음을 전하게 하시려고"라고 기록되었다. 여기서 '가난한 자'란 결코 경제적 빈곤을 뜻하지는 않는다. 이는 영적으로 갈급한 상태를 뜻한다. 이와 같이 사람들 중에는 영적으로 갈급한 사람들이 있는가 하면 육적으로 갈급하던가 또는 이성적으로 갈급한 사람들이 있다. 물론 각자의 삶의 형편을 따라 살고 있지만 세상에는 하나님을 바라는 갈급한 영혼들이 있다.

'포로된 자에게 자유를'이란 말은 매우 신선하다. 포로란 적군에게 사로잡힌 자이지만 이 또한 사로잡힌 군인을 뜻한 것은 아니다. 그러나 악에 사로잡혀 살았던 사람들은 이 말의 의미를 이해할 것이다. 나는 40평생을 더러운 영에게 포로가 되어 내 의지와 관계없이 육신이 원하는 대로 이끌려 다녔다. 이는 사람의 의지만으로 끊어낼 수 없는 죄의 사슬이었다.

'눈먼 자에게 다시 보게 함'이란 무슨 뜻일까? 과연 소경을 말씀하신 것일까? 주님은 바리새인들을 가리켜 "그냥 두어라 저희는 소경이

되어 소경을 인도하는 자로다 만일 소경이 소경을 인도하면 둘이 다 구덩이에 빠지리라"하시며 "내가 심판하러 세상에 왔으니 보지 못하는 자들은 보게 하고 보는 자들은 소경되게 하려 함이라"하셨다. 이것은 그 시대 종교 지도자들의 영적무지를 책망하신 것이다.

또한 "다시 보게 한다"는 말씀을 통해 이들은 원래 소경이 아니었음을 알 수 있다. 오늘날 많은 사람들이 이단에 빠져 진리가 아닌 것을 진리라 말하고 하나님이 아닌 것을 하나님이라고 말한다. 그러므로 이들의 눈을 뜨게 하는 것도 오직 성령의 기름 부으심으로만 할 수 있다.

후일 사도 요한은 "너희는 주께 받은바 기름 부음이 너희 안에 거하나니 아무도 너희를 가르칠 필요가 없고 오직 그의 기름 부음이 모든 것을 너희에게 가르치며 또 참되고 거짓이 없으니 너희를 가르치신 그대로 주 안에 거하라"(요일 2:27) 증거하였다.

그러면 '눌린 자'는 과연 누구인가? 이는 영적전쟁 상태를 뜻한다고 보아야 할 것이다. 바울은 자신이 사도로서 받은 많은 핍박을 증거하며 "이 외의 일은 고사하고 오히려 날마다 내 속에 눌리는 일이 있으니 곧 모든 교회를 위하여 염려하는 것이라"(고후 11:28) 증거하였다.

나는 갈보리채플 목사 안수를 받던 해에 하와이에서 개최되는 호라이즌 채플 'Love Festival'에 참가한 일이 있었다. 거기서 만난 호놀룰루 갈보리채플의 빌 목사는 나에게, 우리가 사역을 할 때 자기 안에 눌리는 아픔이 있는데 이는 주께서 우리를 통해서 성취하실 사역적 비전과 소망이라고 말하였다. 나는 지금도 내 안에 눌리는 일로 흐느낄 때가 있다.

계속하여 주님은 "주의 은혜의 해를 전파하게 하려 하심이라"하셨다. 이 말씀은 이사야서의 "여호와의 은혜의 해와 우리 하나님의 신원의 날을 전파하여 모든 슬픈 자를 위로하되"(사 61:2)의 인용이다. 예수님은 우리에게 은혜의 해와 신원의 날을 전파하기 위해 오셨다.

그런데 오늘 예수님은 은혜의 날만을 선포하셨다. 지금은 모든 사람들을 구원할 은혜의 때이기 때문이다. 그러나 이제 곧 주께서 오시는 그 날은 원수와 패역자들을 신원하시는 날 곧 심판의 날이 될 것이다. 그러므로 우리는 모두 은혜에 참여해야 할 것이다.

[기도] 사랑하는 예수님, 우리는 주의 은혜를 누리며 살고 있습니다. 주께서 이미 은혜의 해가 끝나면 심판의 날이 임할 것을 말씀하셨으니 이제 우리가 잠에서 깨어나 주의 오심을 준비하는 백성이 되게 하소서. 예수님 이름으로 기도합니다. 아멘.

[핵심연구]
1. 그리스도의 사역은 무엇으로 시작되었는가?
2. 하나님께서 주께 성령의 기름을 부으신 목적은 무엇인가?
3. 포로 된 자, 눈 먼 자, 눌린 자들에 대한 합리적 이해는 무엇인가?

어느 것이 더 쉬운가?

(누가복음 5:23) 네 죄 사함을 받았느니라 하는 말과 일어나 걸어가라 하는 말이 어느 것이 쉽겠느냐

오늘 우리가 공부할 누가복음 5장에는 예수님 앞에 중풍병자를 침상 채로 메고 온 사건이 있다. 혹시 여러분은 병든 사람을 업어 본 일이 있는가? 정상적인 사람을 업는 것과 환자를 업는 것은 완전히 다르다. 정상적인 사람은 자기 몸을 지탱하려는 힘이 역사하기 때문에 업은 사람에게 모든 무게가 실리지 않는다.

그러나 아이가 잠을 자든가 병자의 경우는 모든 근육이 늘어져 돌짝처럼 무겁다. 의식을 내려놓았기 때문이다. 그런데 움직일 수 없는 중풍병자를 침상 채 메고 왔다니 그들의 노고가 얼마나 컸을까 싶다. 이를 본 예수께서 그들의 믿음을 보시고 "이 사람아 네 죄 사함을 받았느니라"(20)하셨다. 주님은 작은 공동체의 믿음을 보신 것이다.

이 말을 들은 서기관들과 바리새인들이 "이 신성 모독하는 자가 누구냐 오직 하나님 외에 누가 능히 죄를 사하겠느냐"(21) 이를 갈았다. 이에 주께서 "너희가 무엇을 의논하느냐 죄 사함을 받았다는 말과 일어나 걸어 가라 하는 말이 어느 것이 쉽겠느냐"(23) 물으셨다. 여기서 주님은 어느 것이 완전하냐, 어느 것이 확실하냐를 물으신 것이다.

주께서 "어느 것이 쉽겠느냐" 물으신 것은 요한복음 5장의 베데스다 연못의 38년 된 병자를 염두에 두신 것이다. 베데스다 연못은 천사가 물을 움직일 때 먼저 들어 가는 사람이 낫는 곳이다. 그런데 그 병자는 38년 동안이나 있으면서도 그를 연못에 넣어줄 사람이없었던 것이다(요5:1-5).

예수님은 그에게 "네가 낫고자 하느냐?" 물으시고 다시 "일어나 네 자리를 들고 걸어가라"하시니, 그가 곧 일어나 자리를 들고 나갔다. 그러나 그는 병이 나은 것이지 영혼이 치유받은 것은 아니다. 후일 성전에서 그를 만난 예수님은 "보라 네가 나았으나 더 심한 것이 생기지 않게 다시는 죄를 범하지 말라"(요5:14) 경고하셨다. 그러므로 오늘 본문에서 예수께서 유대인들에게 "죄 사함을 받았다는 말과 일어나 집으로 가라 하는 말이 어느 것이 쉽겠느냐" 물으신 것이다.

바울은 갈라디아서 6장 서두에서 형제가 범죄한 일이 드러나거든 "온유한 심령으로 바로 잡으라"하였고 다시 "너희가 짐을 서로 지라 그리하여 그리스도의 법을 성취하라"명하였다. 여기서 "바로 잡으라"는 그물을 기우라는 뜻으로 다시 말하여 인생의 구멍 난 곳을 기워 온전케 하라는 말씀이며 "너희가 짐을 서로 지라"는 죄의 짐을 나누라는 말이 아니라 범죄한 형제의 짐을 가볍게 하라는 말씀이다.

나는 십여 년 간 동성애, 성 중독을 상담해 왔다. 어쩌면 이 사역은 평생에 걸쳐 걸머져야 할 짐일지도 모른다. 내 능력으로는 도저히 감당할 수 없는 일들이지만 주께서 지우신 짐이라면 결코 무겁지 않을 것이라 확신한다. 주께서 "내 멍에를 메고 배우라 내 멍에는 가볍고 쉽다"고 말씀하셨기 때문이다.

그런데도 동성애, 알코올, 마약 중독자들을 대할 때마다 바위 같은 짓눌림이 내 가슴에 와 닿는 것은 무슨 까닭일까 싶다. 결코 내가 감당할 수 없는 무거움 때문일까? 아니면 도저히 나누어 질 짐이 못되기 때문일까? 아니다. 나는 그들이 걸머진 짐을 함께 걸머질 준비가 되어 있다. 문제는 그들이 짐을 내려놓지 않으려는 데 있다.

오늘 당신이 주께 예배를 드리면서도 무거운 죄의 짐을 내려놓지 못하는 이유는 무엇인가? 재물 때문인가? 체면 때문인가? 그러나 당신의 문제를 해결하기 위한 가장 쉬운 방법은 당신의 짐을 함께 나눌 수 있는 성실한 그리스도인을 만나는 것이다. 그가 당신의 짐을 같이 지어 그리스도의 법을 성취할 것이다(갈6:2).

[기도] 사랑하는 주님, 오늘날 많은 사람들이 중풍병자와 같은 상황에 있습니다. 이미 주를 믿어 구원받은 사람들임에도 여러 가지 죄에 눌려 스스로 주 앞에 나아가지 못하고 있습니다. 깨어 있는 우리로 죄 가운데 누워 있는 자들을 주께 이끌어 올 수 있는 믿음의 용기를 주시옵소서. 예수님 이름으로 기도합니다. 아멘.

[핵심연구]
1. 문둥병과 중풍병의 다른 점은 무엇인가?
2. "어느 것이 쉽겠느냐?"하신 말씀은 무슨 뜻인가?
3. 마가복음 1장의 문둥병자와 2장 중풍병자의 상황을 대비하라.
4. 요한복음 5장의 38년 된 병자와 중풍병자와의 영적 관계를 대비해 보라.

누구와 함께 먹고 마시는가?

(누가복음 5:30) 바리새인과 저희 서기관들이 그 제자들을 비방하여 가로되 너희가 어찌하여 세리와 죄인과 함께 먹고 마시느냐

함께 먹고 마시는 기쁨은 인생의 희락을 누리는 복 중의 하나다. 함께 생활하는 혈육이 없는 나로서는 나와 함께 먹고 마시는 동료가 있다는 것이 얼마나 큰 복인지 모른다. 만약 이들이 없다면 나는 혼자라는 외로움을 견디지 못하였을 것이다.

유대인들에게 죄인과 밥을 함께 먹는다는 것은 그들과 동류가 된다는 의미이다. 초대교회의 수장인 사도 베드로 역시, 안디옥 교회에서 이방인 성도들과 밥을 먹다가 유대 지도자들이 들이닥치자 뒷걸음질 치다가 바울에게 면전에서 책망을 받았었다.

오늘 예수님은 죄인으로 정평된 세리 마태를 제자로 부르시고 그의 초대를 받아 많은 죄인들과 함께 식탁에 앉으셨다. 이에 유대인들이 일어나 어찌하여 죄인과 함께 먹느냐고 항의를 했다. 이와 같이 세상 사람들은 사람의 외적 가치를 따라 판단한다. 그러므로 세상에 드러난 죄의 과거를 가진 사람들은 공직에 오를 수 없고 일반 취업에도 제한적이다. 이러한 상황은 교회에도 마찬가지이다.

이에 예수님은 "건강한 자에게는 의원이 쓸데없고 병든 자에게라야

쓸 데가 있나니 내가 의인을 부르러 온 것이 아니요 죄인을 불러 회개시키려 왔다"(31,32) 말씀하시어, 이 땅의 모든 사람은 죄인이며, 그들을 위해 주께서 오신 메시아적 사명을 말씀하셨다.

최근 한국교회 교단별로 동성애자는 목회자가 될 수 없다는 원칙을 확정하였다. 물론 동성애자가 목사가 되는 것은 비성경적이다. 그러나 동성애에서 벗어난 탈동성애자에 대한 별도의 조항을 두지 않고 동성애 문제를 교회법으로 정하는 것은 옳은 일인가 싶다. 나와 같이 동성애에 사로잡혔던 사람들은 목회자로 헌신할 수 없기 때문이다.

흥미롭게도 나는 젊은시절 동성애자로 사회생활을 하는 동안 누구에게도 제재를 받지 않았다. 의상실을 운영하고 카페를 운영할 때, 오히려 커밍아웃한 것이 도움이 되었다. 거리낀 것은 세상 이목이 아니라 오히려 양심의 가책으로 심령이 괴로워 잠을 이루지 못했다.

세상 사람들은 동성애자인 나를 비웃지 않았고, 오히려 세상의 가치 기준, 곧 내가 누리는 부에 합당한 대우를 하였다. 그러나 아이러니하게도 예수를 믿고 천신만고 끝에 탈동성애를 한 후, 목회자로서의 나의 삶은 기독교 안에서 비판적 평가를 받아야 했다.

어떻게 보면 세상 사람들은 동성애자들에 대하여 상당히 관대하다. 그들은 동성애자들은 어쩔 수 없는 운명이라서 인권을 보호해야 한다는 선의를 갖고 있다. 그러나 용서와 사랑의 표본인 교회들이 동성애자에 대해 심각한 편견을 갖고 있는 것이 참으로 아이러니하다.

요즘은 윤락 여성들을 창녀라 부르지 못하는데 비해 기독인들이 동성애자들을 가리켜 '하나님을 대적하는 지옥의 자식들, 에이즈 매개체, 항문 섹스를 하는 패역한 무리들'과 같은 정말 감당키 비참한 말들을 거침없이 쏟아낸다. 어쩌면 그들은 자신들 또한 용서함을 받은 죄인이었음을 스스로 망각한 것 같다.

그러나 예수님은 "너희 중에 죄없는 자가 먼저 돌로치라"(요8:7)하셨고, 다시 "내가 너희에게 이르노니 사람이 무슨 무익한 말을 하든지 심판날에 이에 대하여 심문을 받으리니 네 말로 의롭다 함을 받고 네 말로 정죄함을 받으리라"(마 12:36,37) 경고하셨다.

해마다 동성애자들의 퀴어축제가 서울광장에서 펼쳐졌다. 그리고 바로 옆에서는 동성애를 반대하는 기독교 연합의 국민대회가 개최되어 왔다. 그들은 예수를 믿으라고 소리를 치면서 동성애자들의 더러운 행위들의 사진 팻말을 들고 정죄한다. 과연 이것이 동성애자를 구원해야 하는 교회의 사역인가? 과연 이것을 본 그들이 회개하고 예수를 믿겠는가? 또한 예수를 믿으면서도 동성애 성향에서 벗어나지 못한 청년들은 그 굴욕감을 어떻게 이겨내야 할 것인가?

나는 오래 전부터 예수를 믿는 동성애 성향의 청년들과 함께 생활을 하며 목회를 하고 있다. 그들은 육신의 정욕을 이겨내고 오직 성경의 말씀 안에서 평안과 기쁨을 누리며 그리스도의 날을 소망하며 따가운 시선을 피하여 교회 안에 마련한 기숙사에 들어와 생활한다.

나 또한 이들과 함께 웃고 마시며 식탁을 즐기고 있다. 나는 그들 속에서 주께서 자기와 함께 하신 자들에게 "누구든지 하나님의 뜻대로 하는 자는 내 형제요 자매요 모친이니라"(막 3:35) 하신 말씀을 기억하고 있다. 그러므로 나는 주께서 허락신 이들과 함께 먹고 마시며 예수 그리스도의 은혜가 더하도록 저들을 섬기는 자가 되고자 한다.

오늘 주님은 자기를 둘러 싼 사람들을 비유하여 이르시되 "새 옷에서 한 조각을 찢어 낡은 옷에 붙이는 자가 없나니 만일 그렇게 하면 새 옷을 찢을 뿐이요 또 새 옷에서 찢은 조각이 낡은 것에 합하지 아니하리라"(눅 5:36) 말씀하셨다. 주님은 균형과 조화를 말씀하신 것이다.

계속하여 주님은 "새 포도주는 새 부대에 넣어야 할 것이니라 묵은 포도주를 마시고 새 것을 원하는 자가 없나니 이는 묵은 것이 좋다 함이니라"(38,39) 하셨다. 이 또한 사상과 철학과 교리와 믿음의 속성을 말씀하신 것이다. 그러므로 우리는 무엇을 들을 것인가, 누구와 함께할 것인가 깊이 생각하고 선택해야 할 것이다.

[기도] 사랑하는 예수님! 죽음으로도 용서받지 못한 죄인을 용서하시고 당신의 종으로 삼아 주심을 감사드립니다. 나의 생애가 끝나는 날까지 나는 애통하는 아이들과 함께 웃고 살 것입니다. 저들에게 더 큰 은혜와 사랑을 부어 주소서. 예수 이름으로 기도드립니다. 아멘.

[핵심연구]
1. 예수님은 누구를 위해 이 땅에 오셨는가?
2. 예수께서 죄인들을 용납하신 것은 무엇 때문인가?
3. 당신의 친구는 누구인가?
4. 과연 동성애자들은 구원받지 못한 죄인인가?

천국 복음의 원리

(누가복음 6:35) 오직 너희는 원수를 사랑하고 선대하며 아무 것도 바라지 말고 빌려주라 그리하면 너희 상이 클 것이요 또 지극히 높으신 이의 아들이 되리니 그는 은혜를 모르는 자와 악한 자에게도 인자로우시니라

누가복음 6장의 핵심은 예수의 제자된 자들의 사회적 책임과 의무에 대한 내용이다. 그러므로 예수님은 제일 먼저 대인관계에 있어 사랑의 원리와 상대적 공평성 원리와 자비의 실천을 가르치셨다. 이는 그리스도인의 삶의 가치관인 동시에 천국의 제자로서 세상에 대하여 나타내야 할 사회적 인격을 말씀하신 것이다.

먼저 주님은 "그러나 너희 듣는 자에게 내가 이르노니 너희 원수를 사랑하며 너희를 미워하는 자를 선대하며"(27)라고 말씀하셨다. 여기서 흥미로운 것은 원수를 어떻게 사랑할 것인가에 대하여 "이 뺨을 치는 자에게 저 뺨도 돌려 대며 네 겉옷을 빼앗는 자에게 속옷도 금하지 말라 무릇 네게 구하는 자에게 주며 네 것을 가져가는 자에게 다시 달라지 말라"(29,30) 하신 것이다.

그러나 이 말씀은 참으로 지키기 쉽지 않은 명령이다. 과연 누가 이처럼 살 수 있을까 의문스럽다. 또한 여기서 우리가 알아야 할 것은 주께서 하신 비유는 천국의 주인 된 제자들이 세상에서 원수와 같이

취급받게 될 것임을 언급하신 것이다. 그러므로 원수를 사랑하라는 말씀은 가정이 아니라 그리스도의 제자들의 삶의 기준이다. 우리는 주님의 나라에 들어 갈 때까지 원수 된 세상에서 복음을 전하고 살아야 하기 때문이다.

사도행전을 보면 야고보, 베드로, 요한 그리고 바울과 디모데, 실라가 어떻게 살았는가에 대하여 상세하게 기록되어 있다. 그들은 모두 예수 그리스도의 사도요 교회의 기둥들이다. 그러나 그들에게 있어 개인의 인생은 없었다. 그들은 그리스도의 보내신 자, 곧 사도로서의 삶에 충실했을 뿐이다.

사람은 누구나 대접을 받고 싶은 마음이 있다. 이는 남에게 인정받고자 하는 상대성 원리이기도 하다. 그러므로 예수님은 "남에게 대접받고자 하는 대로 너희도 남을 대접하라"(31) 명령하셨다. 이를 말하여 마태는 "이것이 율법이요 선지자니라"(마12:7) 기록하였다.

그러나 세상은 날이 갈수록 양극화되고 있다. 정권을 잡은 자들이 이를 해결하고자 애를 썼으나 모두가 다 허사가 되고 만다. 한쪽을 올리면 한 쪽이 내려가고, 높아진 곳을 내려도 낮아진 쪽은 절대로 올라가지 않는다. 결국 부자는 계속 부자가 되고 가난한 자는 계속 가난해질 뿐이다. 그래서 부익부 빈익빈이란 말이 생겨났다.

그러므로 주님은 "너희가 만일 너희를 사랑하는 자를 사랑하면 칭찬 받을 것이 무엇이냐 죄인들도 사랑하는 자를 사랑한다 하시며 또 너희가 만일 선대하는 자를 선대하면 칭찬 받을 것이 무엇이냐 죄인들도 당연히 받고자 하여 죄인에게 빌리느니라"(34) 말씀하셨다. 그러면 양극화를 바로 잡는 길은 무엇인가? 주님은 "오직 너희는 원수를 사랑하며 선대하며 아무것도 바라지 말고 빌려주라 그리하면 너희 상이 클 것이요 또 지극히 높으신 이의 아들이 되리니 그는 은혜를 모르는 자와 악한 자에게도 인자로우시니라"(35) 말씀하셨다.

원수를 사랑한다는 것은 쉬운 일이 결코 아니다. 세상은 이에는 이, 눈에는 눈과 같은 상대적 보복심리로 구성되었기 때문이다. 그러므로 주께서 사랑하며, 선대하며 아무것도 바라지 말고 빌려주라하신 말씀은 상황과 조건과 관계없이 사랑의 원리를 지키라는 명령이다.

끝으로 주님은 "너희 아버지의 자비하심 같이 너희도 자비하라"(36) 하시며, 비판하지 말라, 정죄하지 말라, 용서하라, 헤아리지 말라 하셨다. 이는 하나님의 사랑과 자비의 실천 사항으로 모두 명령형이다. 하고 싶으면 하고, 하기 싫으면 하지 않고 또 상황과 사람에 따라 하고 말고가 아니라 어떤 상황 어떤 사람이라 할지라도 그대로 행하라는 하나님 나라의 주인이신 예수 그리스도의 명령인 것이다.

[기도] 사랑하는 예수님, 우리는 참으로 악하고 어두운 세상에 살고 있습니다. 주의 말씀을 듣는 우리 모두가 복음의 생활을 지킬 수 있도록 은혜와 능력을 더해 주소서. 예수님 이름으로 기도합니다. 아멘.

[핵심연구]

1. 사랑의 기준은 무엇인가?
2. 남을 선대하는 기준은 무엇인가?
3. 자비의 기준은 무엇인가?

최고의 믿음과 삶의 지혜

(누가복음 7:35) 지혜는 자기의 모든 자녀로 인하여 옳다 함을 얻느니라

오늘 이 말씀은 주께서 세례 요한을 증거하여 "여자가 낳은 자 중에 요한보다 큰이가 없도다 그러나 하나님의 나라에서는 극히 작은 자라도 저보다 크니라"(28) 말씀하셨다.

주님의 말을 들은 사람들 중, 요한의 세례를 받은 백성들과 세리들은 하나님을 의롭다하고, 바리새인과 율법사들은 세례를 받지 아니함으로 스스로 하나님의 뜻을 저버렸다.

이에 주님은 이 세대 사람들을 비유하여, "아이들이 장터에 앉아 서로 불러 가로되 우리가 너희를 향하여 피리를 불어도 너희가 춤추지 않고 우리가 애곡을 하여도 너희가 울지 아니하였다 함과 같도다"(32) 하셨다. 이는 유대인의 장례 때 상주를 대신하여 곡하는 사람들이 서로 네 탓 공방하는 것을 지적하신 것이다.

이것은 사람들의 자유의지의 위험성을 책망한 것으로 사람이 어떤 것을 결정할 때 자기가 아는 범주와 입장을 따르며, 나중에 잘못 된 것을 알았을 때에야 "그렇게 할 수 있었던 것을.."하고 후회한다.

그러므로 주께서 "지혜는 자기의 모든 자녀로 인하여 옳다 함을 얻느니라"(35) 말씀하신 것은 너희가 하나님의 백성이면 너의 의지로 말할 것이 아니라 모든 지혜가 하나님으로부터 나와야 하는 것이 아니냐고 말씀하신 것이다.

그러면 주께서 말씀하신 지혜는 어떻게 얻을 수 있는 것일까? 그것은 바로 하나님의 아들 예수 그리스도를 아는 믿음이다. 성경은 "여호와를 경외하는 것이 지혜의 근본이요 거룩하신 자를 아는 것이 명철이니라"(잠9:10) 하였고 다시 "네가 만일 지혜로우면 그 지혜가 네게 유익할 것이나 네가 만일 거만하면 너 홀로 해를 당하리라"(잠9:12) 하였다.

오늘 우리는 누가복음 7장에서 그리스도를 발견한 믿음의 사람들을 볼 수 있다. 바로 백부장과 세례요한과 옥합을 깨뜨린 여인이다. 백부장은 이방인이고, 세례 요한은 선지자요 그리고 죄를 지은 여인으로 이들은 모두 옳다함을 얻은 지혜의 자녀들이다.

서두에 소개된 믿음의 사람은 로마 백부장이다. 그는 사랑하는 종이 병들어 죽게 되자 유대인 장로들을 예수께 보내어 종을 구원해 달라고 청했다. 이에 장로들은 주께 나아와 "그가 우리 민족을 사랑하고 또한 우리를 위하여 회당을 지었나이다"(4) 간절히 구하므로 주께서 장로들과 함께 그의 집으로 향하였다.

그의 집이 가까워 오자 백부장은 친구들을 보내어 "주여 수고하지 마십시오 내 집에 들어오심을 나는 감당할 수 없습니다. 그러니 말씀만

하여 내 하인을 낫게 해 주십시오. 저도 남의 수하에 든 사람이요 제 아래도 군병이 있으니 이더러 가라 하면 가고 저더러 오라 하면 오고 제 종더러 이것을 하라 하면 하나이다"(6-8) 전하였다.

이는 참으로 놀라운 믿음이 아닐 수 없다. 그는 예수 그리스도의 권위 곧 예수께서 하나님의 아들 메시아이심을 알고 있었던 것이다. 유대 서기관이나 제사장들도 알지 못하였던 것을 로마 백부장이 알고 있었다니 참으로 기이한 일이 아닐 수 없다. 그러므로 예수님은 "내가 너희에게 이르노니 이스라엘 중에서도 이만한 믿음은 만나보지 못하였다"(9) 칭송하셨다.

두 번째 인물은 세례 요한이다. 헤롯을 책망하다 옥에 갇힌 세례 요한이 그의 제자들을 예수께 보내어 "오실 그이가 당신인가 아니면 우리가 다른 이를 기다려야 하는가?"(20) 물었다. 사실 그는 예수님으로부터 "여자가 낳은자 중에 요한보다 큰 자가 없다"(28) 하심을 받은 선지자이다. 그러한 선지자가 옥에 갇히자 그리스도에 대해 의심을 품은 것이다. 백부장의 믿음과는 상반된 믿음이 아닌가?

이에 주님은 "너희가 가서 보고 들은 것을 요한에게 고하되 소경이 보며 앉은뱅이가 걸으며 문둥이가 깨끗함을 받으며 귀머거리가 들으며 죽은 자가 살아나며 가난한 자에게 복음이 전파된다 하라 누구든지 나를 인하여 실족하지 아니하는 자는 복이 있도다 하시니라"(22,23) 하셨다. 여기서 주님은 상황에 따른 자신의 의지에 치우치지 말고 성경 계시의 나타나심을 보고 믿으라고 말씀하신 것이다.

세번째 사람은 옥합을 깨트린 죄 많은 여인의 믿음이다. 어느 날 예수께서 바리새인이 청한 식탁에 앉았을 때, 그 동네의 죄인 된 여인이 향유 담은 옥합을 가지고 와서 예수님 뒤로 그 발 곁에 서서 울며 눈물로 그 발을 적시고 자기 머리털로 씻고 그 발에 입 맞추고 향유를 부었다. 이를 본 바리새인은 못마땅하게 여겨 "이 사람이 만일 선지자였다면 자기를 만지는 이 여자가 누구며 어떠한 자 곧 죄인인 줄 알았으리라"(39) 생각하였다.

이에 주님은 "빚 주는 사람에게 빚진 자가 둘 있어 하나는 오백 데나리온을 졌고 하나는 오십 데나리온을 졌는데 갚을 것이 없어 둘 다 탕감하여 주었으니 둘 중에 누가 저를 더 사랑하겠느냐"(41-42) 물으시며 "이러므로 내가 네게 말하노니 저의 많은 죄가 사하여졌다 이는 저가 사랑함이 많음이라 사함을 받은 일이 적은 자는 적게 사랑하느니라"(47) 말씀하셨다.

오늘날 우리의 믿음은 어디에 있는가? 나의 의지인가? 성경 지혜의 나타남인가? 주를 믿는 우리가 온전한 삶의 지혜를 얻지 못하는 것은 무엇 때문인가 생각해 보아야 할 것이다.

[기도] 주여, 내가 주를 더 알고자 합니다. 내게 믿음을 더하여 주시옵소서. 예수님 이름으로 기도합니다. 아멘.

[핵심연구]
1. 백부장은 어떤 믿음을 가졌는가?
2. 세례 요한의 믿음이 흔들렸던 것은 무엇 때문일까?
3. 옥합을 깨트린 여인은 어떤 믿음을 가졌는가?

어떻게 듣는가 조심하라

(누가복음 8:18) 그러므로 너희가 어떻게 듣는가 스스로 삼가라 누구든지 있는 자는 받겠고 없는 자는 그 있는 줄로 아는 것까지 빼앗기리라 하시니라

오늘날 예수를 믿는 많은 사람들이 성경을 아무리 보아도 무슨 말인지 어려워서 알 수가 없다고 말한다. 성경이 어려운 것은 사실이지만 이는 천국의 지식에 대한 올바른 가르침을 받지 못하였기 때문이다.

예수님께서도 자신의 말을 알아듣지 못하는 서기관들을 향하여 "어찌하여 내 말을 깨닫지 못하느냐 이는 내 말을 들을 줄 알지 못함이로다"(요8:43) 책망하신 바 있다. 그들이 예수님의 말을 이해하지 못하는 것은 그들이 예수 그리스도를 하나님의 아들로 받아들이지 못했기 때문이다.

오늘 주님은 씨 뿌리는 비유로 천국의 비밀을 말씀하시며 "너희가 어떻게 듣는가 스스로 삼가라 누구든지 있는 자는 받겠고 없는 자는 그 있는 줄로 아는 것까지 빼앗기리라"(18) 말씀하셨다.

흥미롭게도 마가는 이 말씀을 "너희가 무엇을 듣는가 스스로 조심하라"(막4:24) 기록하였다. 같은 씨 뿌리는 비유에서 말씀하신 내용인데도 마가는 "너희가 무엇을 듣는가" 기록하여 말씀의 근거에 초점

을 두었고, 누가는 "너희가 어떻게 듣는가" 기록하여 말씀의 이해에 초점을 두었다.

다시 말하여 마가는 천국복음의 등불이 되어야 할 제자들이 무엇을 들어야 할 것인가에 초점을 두었고, 누가는 복음의 제자들이 성경을 어떻게 해석하느냐에 초점을 맞춘 것이다.

우리 말은 끝까지 다 들어 보아야 그 뜻을 알 수 있다고 한다. 그럼에도 사람들은 상대의 말이 끝나기도 전에 대답을 하여 서로 언성을 높이게 된다.

몇 해 전 이재철 목사의 저서 내용 중 일부를 놓고 교단 내에서 이단 소송이 제기되어 교계가 떠들썩하였다. 문제가 된 내용은 이재철 목사의 저서 [성숙자반]에 언급된 '죽은자의 영혼을 위한 기도'에 관한 내용이다.

[저는 안 교수님의 의견에 백 퍼센트 동의합니다. 자신은 예수님을 믿고 구원의 감격 속에 사는데 형제가, 부모가, 자식이 예수님을 믿지 않다가 갑자기 교통사고로 죽었다면 그 자체로도 비통할 수밖에 없습니다. 그런데 목회자가 예수님을 믿지 않았다는 이유로 죽은 그들을 위해 기도조차 해 줄 수 없다고 한다면 그것이 과연 복음이겠습니까? 그런 상황에서는 살아 있는 사람을 위해서라도 죽은 자의 영혼을 위해 따뜻하게 기도해 주는 것이 참된 그리스도인의 정신일 것입니다. 우리 믿음의 핵심인 사도신경에도 예수님께서 '음부에 내려가셨다' 라고 기록된 부분이 있기 때문입니다.] (홍성사 293페이지)

이 글에 대해 문제를 삼은 측은, "예수 믿지 않고 죽은 자의 영혼을 위해 기도할 것을 주장하므로 이재철 목사의 발언은 믿음으로 구원받는다는 성경말씀과 신조에 나와 있는 내용을 전적으로 부인하는 것이며, 교회의 신성과 질서를 훼손시키는 죄의 행위라고 본다"고 이단성 고소장을 제출하였다. 그러나 이는 이재철 목사의 교회와 서로 이해관계로 얽힌 정치적인 의도가 다분하다. 부족한 사람의 소견이지만 그 내용 속에서 아무리 살펴보아도 이단적 소지는 보이지 않았기 때문이다.

사실 문제를 삼은 목사도 자기 교회 성도가 믿지 않는 부모의 상을 당하면 당연히 가서 그 가족을 위로하는 임종예배나 발인예배를 집도하고 기도를 할 것이다. 그 이유는 상갓집에서 위로의 중심은 죽은 사람의 영혼이 아니고 살아서 애통하는 가족에 있기 때문이다.

죽은 자의 영혼은 불신자든, 신자든 하나님의 손으로 넘어갔기 때문에 사람이 할 수 있는 것은 아무것도 없다. 그럼에도 교회 안에서 이런 일들로 시비가 되고 있다는 것은 참으로 안타깝다. 그러므로 천국복음을 맡은 그리스도의 종 된 우리는 무엇보다도 성경의 진리의 말씀을 충분히 경청해야 할 것이며, 그 다음은 그 모든 말씀들을 어떻게 해석할 것인가에 대한 성경 전체를 통한 복음적 합의를 이루기 위한 성령의 지혜를 구해야 할 것이다.

사도 바울은 후계자 디모데에게 "너는 진리의 말씀을 옳게 분별하며 부끄러울 것이 없는 일꾼으로 인정된 자로 자신을 하나님 앞에 드리기를 힘쓰라"(딤후 2:15) 명하였다. 이 명령은 오늘 우리에게도 동일하게 적용되어야 할 말씀이다.

오늘날 우리 교회는 TV 방송과 유튜브 문명 속에 있다. 복음을 널리 전파하는 데는 유익한 매개체이지만, 복음이 아닌 이단성 설교들이 제어 장치없이 쏟아지고 있는 것은 커다란 문제이다. 더구나 말 솜씨와 외모로 유명세를 타는 목사들의 비성경적 메시지는 종말의 때를 사는 성도들을 미혹하고 있다.

그러므로 베드로 사도는 "그 모든 편지에도 이런 일에 관하여 말하여 그 중에 알기 어려운 것이 더러 있으니 무식한 자들과 굳세지 못한 자들이 다른 성경과 같이 그것도 억지로 풀다가 스스로 멸망에 이르느니라"(벧후 3:16) 경계하였으며, 더 나아가 "그러므로 사랑하는 자들아 너희가 이것을 미리 알았은즉 무법한 자들의 미혹에 이끌려 너희 굳센데서 떨어질까 삼가라 오직 우리 주 곧 구주 예수 그리스도의 은혜와 저를 아는 지식에서 자라 가라 영광이 이제와 영원한 날까지 저에게 있을지어다"(벧후3:17,18) 경계하였다.

[기도] 주님, 참으로 어려운 세상이 도래했습니다. 날이 갈수록 성경의 진리가 왜곡되고 복음의 사명을 맡은 사람들까지도 성경보다 다른 데서 진리를 찾으려고 합니다. 주님. 속히 진리의 검으로 책망하시고 택하신 성도들로 온전히 복음의 길로 나아가게 하옵소서. 아멘.

[핵심연구]
1. 어떻게 듣는가 조심하라는 말씀의 뜻은 무엇인가?
2. 무엇을 들을 것인가 조심하라는 말씀의 뜻은 무엇인가? (막4:24)
3. 씨 뿌리기 비유에 대한 마태, 마가, 누가의 관점을 비교하라.

너희 믿음이 어디 있느냐?

(누가복음 8:25) 제자들에게 이르시되 너희 믿음이 어디 있느냐 하시니 저희가 두려워하고 기이히 여겨 서로 말하되 저가 뉘기에 바람과 물을 명하매 순종하는고 하더라

오늘 첫 번째 구원의 대상은 군대귀신 들린자이다. 누가는 그를 소개하여 "그 도시 사람으로서 귀신들린 자 하나가 예수를 만나니 이 사람은 오래 옷을 입지 아니하며 집에 거하지도 아니하고 무덤 사이에 거하는 자라"(27) 기록하였다.

귀신은 "예수를 보고 부르짖으며 그 앞에 엎드리어 큰 소리로 불러 가로되 지극히 높으신 하나님의 아들 예수여 나와 당신과 무슨 상관이 있나이까 당신께 구하노니 나를 괴롭게 마옵소서"(28) 소리치며 "무저갱으로 들어가라 명하지 마시기를 간구하며 돼지 떼에게 들어가게 허락해 달라고 간청"하였다(31).

또한 예수께서 귀신에게 이름을 물으니 "군대(레기온)"라고 답하였다. 군대는 3천에서 6천 명 규모의 군단 병력이다. 한 사람에게 군단 병력의 귀신이 들어갈 수 있다니 놀라운 일인데 귀신들이 예수께서 하나님의 아들이심과 그의 권세를 정확하게 알고 있었고 예수님과 소통을 하는 것 또한 기이한 일이 아닐 수 없다.

흥미롭게도 예수께서 군대귀신의 청을 들어 돼지에게 들어가게 하시니 이천이 넘는 돼지 떼가 호수로 달려가 몰사하였다. 그 이유는 돼지에게는 귀신의 영들이 들어갈 영적 공간이 없기 때문이다.

분명한 것은 주님은 한 사람의 영혼을 회복시키기 위해서 군단 병력의 귀신들을 쫓아내신 것이다. 그리고 그는 후일 데카볼리 지역의 복음 전도자가 되었다. 그럼에도 군대 귀신들렸던 사람이 온전해진 것을 본 사람들은 도리어 예수께서 그 지방을 떠나시기를 청하였다. 이얼마나 아이러니 한 일인가? 정말 귀신만도 못한 사람들이 아닌가?

구원의 행렬에서 두 번째 나타난 사람은 회당장 야이로이다. 그는 이스라엘의 존경받는 지도자이다. 그는 열두살 난 외동딸이 죽어가자 회당장의 권위와 체면을 모두 내려 놓고 예수 앞에 무릎을 꿇고 딸을 살려 달라고 간청했다. 이 일로 야이로는 유대교로부터 출교를 당해야만 했다.

그러나 야이로는 예수를 메시아로 믿어서 무릎을 꿇은 것은 아니다. 다만 그는 예수께서 손을 얹으면 딸이 치유될 것을 믿었던 것이다. 그럼에도 예수님은 그의 청을 받아들이셨다. 이와 같이 우리가 믿음을 실행할 때에는 어떤 것을 포기할 수 있는 의지적 결단이 필요하다. 설혹 메시아에 대한 믿음이 없을지라도 구원을 향한 결단은 온전한 믿음으로 활성화될 수 있기 때문이다.

세 번째 믿음의 증인은 혈루병 여인이다. 이 여인은 열 두 해 동안 저주의 혈루병에 잡혀 격리된 채 고통 속에서 살아야 했다. 어느날 그녀는 나사렛 예수께서 지나간다는 소문을 듣고 군중을 헤치고 예수께 나아갔다. 이 여인은 예수의 옷자락에만 손을 대어도 나을 것이라는 절대 믿음이 있었고 그 옷자락에 손을 댄 순간, 그녀의 혈루병이 멎었다. 예수께서도 자신의 능력이 나아간 것을 아시고 누가 내 몸에 손을 대었느냐 물으셨다.

예수님은 그녀에게 "딸아 네 믿음이 너를 구원하였으니 평안히 가라"(48) 하셨다. 이 말씀을 통하여 우리는 이 여인이 나사렛 예수께서 하나님의 아들인 것을 알았음을 알 수 있다. 주께서 그 여인을 향하여 딸이라고 부르셨기 때문이다. 메시아를 아는 그녀의 믿음이 그녀를 구원한 것이다.

마지막 대상은 야이로의 12살된 딸이다. 죽어가는 딸을 살리기 위해 회당장의 명예와 부귀를 포기하고 예수 앞에 무릎을 꿇은 야이로의 절박한 상황 앞에 혈루병 여인의 출현은 예기치 않은 장애였다.

아이러니하게도 이 아이는 여인이 혈루병에 걸린 때에 태어난 것이다. 어떻게 보면 인생의 희비애락은 스스로 결정할 수 없는 운명의 수레바퀴이다. 결국 이 여인의 나타남으로 가던 길이 지연되었고 딸은 죽고 말았다. 인생의 희비가 엇갈린 순간이다.

이때 딸의 죽음의 소식을 듣고 절망하는 야이로에게 예수님은 "두려워 말고 믿기만 하라 그리하면 딸이 구원을 얻으리라"(50) 하셨다. 이와 같이 한 사람이 온전한 믿음을 터득하기에는 믿음의 과정이 필요하다.

그 누구도 저주나 재앙을 원하는 사람은 아무도 없다. 그러나 이 땅의 사람들은 자기 인생에 대한 어떤 저주나 죽음을 미리 알지 못하는 사이에 재앙을 맞는다. 그러나 인생의 주권을 가진 분이 누구인 것을 안다면 그는 더 이상 걱정할 필요가 없다.

중요한 것은 어떻게 인생의 주권자 그리스도를 만나느냐에 있다. 그가 어떤 상황이든지 그의 지위와 질병과 저주와 귀신의 역사까지도 두려워할 것 없다. 예수는 하늘과 땅 그안의 모든 사람들의 주인이기 때문이다.

[기도] 사랑하는 하나님, 주의 사랑과 은혜가 어찌 그리 크신지요. 이 땅에 사는 모든 사람들 가운데 죄의 유무와 직업과 인품에 관계없이 구원의 문을 여시고 그의 믿음이 어떠하든지 하나님의 아들 예수 그리스도를 향하여 구원을 청하는 모든 사람들에게 은혜를 베푸셨습니다. 더 나아가 군대 귀신들린 자의 영혼을 사로잡은 귀신들을 쫓아내시고 그로 하여금 복음의 제자가 되게 하셨습니다. 이 은혜와 섭리는 지금도 동일하게 역사하는 줄 믿습니다. 우리에게도 이 은혜를 더하여 주소서. 예수님의 이름으로 기도합니다. 아멘.

[핵심연구]
1. 군대귀신 들린 자의 상황을 묵상하라.
2. 마태는 가다라, 누가는 거라사로 서로 다르게 기록된 메시지는 무엇인가?
3. 군대귀신이 돼지에게 들어가자 물 속으로 자멸한 이유는 무엇인가?
4. 군대귀신 들린 자는 후일 무엇을 했는가?
5. 회당장 야이로의 믿음에 대하여 생각하라.
6. 혈루병 여인은 어떤 믿음을 가졌는가?

당신은 무엇을 믿는가?

(누가복음 9:26) 누구든지 나와 내 말을 부끄러워하면 인자도 자기와 아버지와 거룩한 천사들의 영광으로 올 때에 그 사람을 부끄러워하리라

이 말씀은 한마디로 "천국이 가까웠는데 너는 누구의 말을 듣고 있느냐" 물으신 것이다. 그날이 가까울수록 하나님의 말씀인 성경 곧 예수 그리스도의 진리의 복음에 대해 얼굴을 붉히는 세대가 다가오기 때문이다.

세상은 갈수록 험악해지고 감당할 수 없는 범죄들이 만연하고 있다. 국가는 범죄를 대응하기 위한 강력한 법률을 보강한다. 그 이유는 범죄를 엄하게 다스리면 형벌이 무서워 스스로 범죄에서 멀리할 것이라고 생각하기 때문이다. 그러나 하나님의 율법의 통치를 받은 이스라엘을 볼 때, 사망에 이르는 율법으로도 인간의 범죄를 금하지 못하였고, 율법은 의로움의 표적이 되지 못하였다.

예를 들어, 최근 세간에 성범죄가 일어날 때마다 국가는 범죄자에게 중형을 구형하고 전자발찌를 비롯하여 화학적 거세에 이르는 제도를 도입하였지만 성범죄는 멈추지 않고 날로 더 극악해지고 있다.

또한 성범죄 근절을 위한 방송에 출연한 각계 관계자들은 성범죄자

들을 법적 처벌만 주고 교화정책을 펴지 않기 때문에 그들이 형을 마치고 나가면 며칠 되지 않아 다시 재범을 하게 된다고 말한다.

또한 교도소 교화위원들은 성범죄는 병적인 것이므로 정신적 치료를 통해서만 치료될 수 있다고 주장한다. 그렇다면 과연 정신병원에서는 성범죄자의 치료가 가능한가? 아마 귀신들도 콧방귀를 뀔 것이다. 또한 그들의 말이 사실이라면 성범죄자들은 교도소가 아닌 정신병원으로 보내져야 할 것이다.

이런 문제들을 해결하기 위하여 수세기 동안 정신과 의사들은 약물로 성적기능을 제어하고, 심리학자들이 고안한 심리분석, MBTI, 애니어그램에 최면술까지 동원하여 성격을 개조하고 미술, 음악, 드라마 치료와 같은 초보적인 심리검사로 성품을 교정하려 하였다. 그러나 이러한 프로그램들은 일시적 보조 역할이지 근본적인 역할을 하지 못한다.

어쩌면 그들이 눈을 부릅뜨고 있는 동안은 정신적 교화가 된 것처럼 보일지도 모른다. 그러나 그들 속에 죽은 듯이 움츠리고 있던 'HADES DNA'는 금방 싹을 내고 그의 몸과 마음을 지배할 것이다. 그러므로 확신컨대 이 땅에서 죄의 누룩을 완전히 제거하지 않고는 절대로 인간은 교화되지 않을 것이다.

엄밀히 말해서 종교는 사람의 혼을 다루는 것이다. 그러나 사람의 영은 하나님께서 사람을 지으실 때 영적 교통을 위한 영적 기관이므로 종교와 철학으로 채울 수 없다. 그러면 혼은 무엇인가? 이는 심령으로 곧 이성과 지성과 감성을 다루는 비물질기관으로 마음이 중추이다. 이와 같이 사람을 이루는 요소는 영과 혼과 육인데 이는 독립기관이면서도 서로 필연적이고 유기적인 관계를 갖고 있다. 따라서 어느 한 기관에 문제가 생기면 다른 기관에도 문제가 생기게 마련이다.

그러므로 범죄한 인간이 제일 먼저 해야 할 일은 죄의 척결자 예수 그리스도를 믿는 것이다. 그로 말미암아 인간은 죄 없다 하심을 얻고 의인의 자격을 얻는다. 그러나 우리에게 주신 책임이 있는데 이는 마음과 몸을 지배하는 죄의 습관들을 제거하는 일이다. 이에 주께서 복음 진리로서 사람들을 온전케 하기 위해 사역자를 그의 교회에 세우신 것이다.

오늘날 강단의 목회자들까지 복음이 아닌 것들을 거침없이 쏟아낸다. 이에 성도들은 길 잃은 양들이 되고 만다. 그러므로 이제 우리는 성경의 말씀을 믿을 것인가 사람들이 지어낸 세상 철학을 믿을 것인가 깊이 생각해야 할 것이다.

[기도] 사랑하는 주님, 친히 우리의 죄를 없애시고 복음의 진리로서 우리의 영과 마음을 밝혀 주심을 감사 드립니다. 우리로 오직 성경의 말씀으로 무장하게 하소서. 예수님 이름으로 기도드립니다. 아멘.

[핵심연구]
1. 당신은 예수가 누구라고 믿는가?
2. 성경이 무엇이라고 생각하는가?
3. 세상 철학과 학문이 성경보다 앞서는 것은 무슨 이유인가?

당신은 어떤 부류인가?

(누가복음 9:62) 예수께서 이르시되 손에 쟁기를 잡고 뒤를 돌아보는 자는 하나님의 나라에 합당치 아니하니라 하시니라

주께서 길을 가실 때 한 서기관이 주께 나아와 "어디로 가시든지 나는 따르겠다"하였다. 이에 예수께서 "여우도 굴이 있고 공중의 새도 집이 있으되 인자는 머리 둘 곳이 없도다"(58) 하셨다. 우리는 이 말씀 속에서 서기관의 속셈을 알 수 있다. 그는 그 당시 새롭게 떠오르기 시작한 예수의 사람이라는 새로운 인맥을 갖고 싶었던 것이다.

갈보리 채플 개척 초기에 어떤 사람이 나에게 와서 갈보리 채플 신학교를 만들자고 제안하였다. 그는 갈보리 채플의 목회이념이나 철학과 관계없이 한국에 갈보리 채플의 신학교를 세우고 싶었던 것이다. 그러나 나의 소망은 신학교가 아닌 신구약 성경 전체를 심도 깊게 가르치는 성경대학을 세우는 것이었다. 그것만이 예수 그리스도의 복음을 이어가는 길이기 때문이다.

두 번째 그룹은 예수께서 친히 부르신 사람이다. 예수님은 그에게 "나를 따르라" 부르셨다. 그러나 그는 "나로 먼저 가서 내 부친을 장사하게 허락하여 주십시오"(59) 말하였다. 그에게 주님은 "죽은 자들로 자기의 죽은 자들을 장사하게 하고 너는 가서 하나님 나라를 전파하라"(60) 명하셨다.

어떻게 보면 이 사람은 예수님의 부르심에 거부하는 사람같이 보여진다. 그러나 그는 유대인으로서 당연히 지켜야 할 율법의 요구를 다하고 싶다는 의지를 밝힌 것이다. 부모를 공경하는 것이 계명 중 가장 중요한 것임을 알았기 때문이다.

그에게 주님은 "죽은 자들로 자기의 죽은 자들을 장사하게 하라"하셨다. 어떻게 보면 참으로 냉엄하게 들리지만, 여기서 예수님은 영적 우선순위를 말씀하신 것이다. 주의 종으로 택함을 받은 자의 할 일은 하나님의 나라를 전파하는 것이므로 세상의 일은 세상에 맡겨 두라고 하신 것이다. 주님은 세상의 모든 일이 주의 주권 속에 있음을 언급하신 것이다.

많은 사람들이 예수를 믿지 못하는 이유 중에 하나가 부모님이 부처를 믿기 때문에, 아버지가 조상의 제사를 섬기기 때문이라고 말한다. 그러나 주의 택하신 자라면 결코 부모의 신앙에 매여서는 안 된다. 예수께서도 "죽은 자들로 저희 죽은 자를 장사하게 하고 너는 나를 좇으라"(마8:22)하셨다.

또한 주께서 "주 예수를 믿으라 그리하면 너와 네 집이 구원을 얻으리라"(행16:31) 말씀하셨으로 누구든지 스스로 주의 믿을 때 부모들도 나의 믿음으로 말미암아 구원을 얻을 것이다. 그러므로 주를 믿는 것이 결국 부모에게 효도하는 길인 것이다.

세 번째 구도자는 매우 흥미로운 사람이다. 주께서 부르지도 않았는데 스스로 주께 나아와 "주여 내가 주를 좇겠나이다마는 나로 먼저 내 가족을 작별케 허락하소서"(61) 말하였다. 이에 주님은 "손에 쟁기를 잡고 뒤를 돌아보는 자는 하나님의 나라에 합당치 아니하니라" 하고 내치셨다.

때때로 여러 교단에서 공부한 신학생들과 사역자들이 찾아와 갈보리 채플의 목회자가 되고 싶다고 말한다. 그들은 한결같이 갈보리 채플의 좋은 점을 말하며 자신들이 섬기던 교단들의 모순점들에 대하여 비판한다. 그러나 그들은 얼마 있지 않아서 보따리를 싸고 돌아간다.

어쩌면 그들은 갈보리 채플에서 쉬운 길을 찾으려 기대한 것 같다. 그러나 갈보리 채플의 목사가 된다는 것은 자신이 원한다고 되는 것이 아니다. 갈보리 채플로의 부르심은 자신이 가진 것을 다 내려놓지 않으면 결단코 통과할 수 없는 좁은 문이기 때문이다.

[기도] 사랑하는 주님! 주님은 오늘 우리에게 주께서 뜻하신 헌신의 길을 보이셨습니다. 모든 것이 주의 뜻 가운데 있사오니 택하시고 부르신 자들로 온전히 순종케 하소서. 예수님 이름으로 기도드립니다. 아멘.

[핵심연구]
1. 서기관이 복음의 제자가 되려는 목적은 무엇이었나?
2. "죽은자는 죽은자들에게 맡기고 너는 나를 따르라"는 무슨 뜻인가?
3. "쟁기를 잡고 뒤를 돌아보는 자"라는 말씀은 어떤 교훈인가?

칠십인 제자들의 복

(누가복음 10:23,24) 너희의 보는 눈은 복이 있도다 내가 너희에게 말하노니 많은 선지자와 임금이 너희 보는 것을 보고자 하였으되 보지 못하였으며 너희 듣는 바를 듣고자 하였으되 듣지 못하였느니라

주님은 세 명의 제자를 데리고 변화산상에 올라 장차 이 땅에서 펼쳐질 이상적인 그리스도의 나라를 보여주셨다. 제자들은 그곳에서 예수님과 모세와 엘리야를 보았는데 이는 시간과 공간을 초월하여 미리 보여주신 이 땅에 펼쳐질 예수 그리스도의 나라이다.(눅9:28-36)

그러나 주께서 세 명의 제자와 함께 산에서 내려오시니 복음사역의 현장에서는 세상의 악취가 풍기기 시작하였다. 남아 있는 아홉의 제자들이 어린아이를 괴롭히는 귀신도 쫓아내지 못하면서 서기관들과 교리 논쟁에 정신이 팔려 있었기 때문이다.

이는 오늘날 서로 도토리 키재기를 하는 교회들, 자기들과 서로 다르다고 하여 배타적인 교회들, 자기 감정을 따라 은사를 남용하는 잘못된 사역자들의 모습이기도 하다.

그런데 흥미롭게도 열두제자의 분포를 살필 때 천상에 펼쳐진 그리스도와 함께 한 제자는 셋이요, 이 땅에서 서로 신학논쟁을 하는 제자들은 아홉이었다.

또한 9장 말미에는 주의 제자가 되기를 원하는 세 부류의 사역자들에 대하여 언급되었다. 그러나 불행하게도 셋 중에 둘은 부름받지 못한 자들이다. 그러므로 오늘날 교회의 타락의 큰 원인은 주께서 부르시지 않은 자들이 자신들의 욕망을 따라 목사들이 되었기 때문이다.

오늘 10장 서두에는 주께서 따로 세우신 칠십인 제자들 이야기로 시작된다. 칠십인 모두가 성공한 제자들이다. 그럼에도 이들의 이름이 소개되지 않았고 또 다른 복음서에는 기록되지도 않았다. 어쩌면 설화 같은 내용이지만 칠십인의 사역 내용이 세부적으로 기록되었고 열두 사도들의 사역보다 경이로웠다.

이들은 주께서 열 두 사도와 달리 따로 세우신 자들이다. 주님은 이들이 세상에 나갈 때에 사탄이 하늘로서 번개같이 떨어지는 것을 보았다고 하셨다. 그럼에도 우리는 칠십인이 누구인지 알지 못한다. 어쩌면 그들은 귀신에게 풀려난 자이거나 소경이나, 귀머거리나, 문둥병자 그리고 죽음에서 살아난 자들일지도 모른다.

주님은 칠십인의 제자들을 보내시며 "추수할 것은 많으나 추수할 일꾼이 적으니 추수하는 주인에게 청하여 추수할 일꾼들을 보내어 주소서 하라"(2) 말씀하셨다. 어쩌면 이들은 타락한 교회시대의 말미에 나타날 추수꾼일 것이다.

주님은 그들에게 "내가 너희에게 뱀과 전갈을 밟으며 원수의 모든 능력을 제어할 권세를 주었으니 너희를 해할 자가 결단코 없으리라 그러나 귀신이 너희에게 항복하는 것으로 기뻐하지 말고 너희 이름이 하늘에 기록된 것으로 기뻐하라"(19,20) 말씀하셨다. 얼마나 기이하고 영광스러운 말씀인가?

– 21절에는 칠십인을 향한 놀라운 주님의 기도가 기록되었다.
"이 때에 예수께서 성령으로 기뻐하사 가라사대 천지의 주재이신 아버지여 이것을 지혜롭고 슬기있는 자들에게는 숨기시고 어린아이들에게는 나타내심을 감사하나이다. 옳소이다 이렇게 된 것이 아버지의 뜻이니이다. 내 아버지께서 모든 것을 내게 주셨으니 아버지 외에는 아들이 누군지 아는 자가 없고 아들과 또 아들의 소원대로 계시를 받은 자 외에는 아버지가 누구인지 아는 자가 없나이다" 기도하셨다. 겟세마네 기도와 쌍벽을 이루는 예수님의 기도이다.

또한 주님은 70인의 제자들에게 "너희의 보는 눈은 복이 있도다 내가 너희에게 말하노니 많은 선지자와 임금이 너희 보는 것을 보고자 하였으되 보지 못하였으며 너희 듣는 바를 듣고자 하였으되 듣지 못하였느니라"(23,24) 하셨다.

이 얼마나 영광스러운 말씀인가? 비록 이 땅에서의 이들의 모습이 어떨지라도 이들은 선지자들보다도 더 큰 은혜를 입은 자들이다. 오늘날 혼돈 속에서 방황하는 이 시대에 칠십인의 제자들이 필요한 때가 아닌가 싶다.

나는 일본에서 신학을 할 때에 갈보리채플의 척 스미스 목사를 처음 만났다. 그리고 미국에서 일어났던 갈보리채플 개척사 '하베스트'(한국어판_세상을 바꾼 사람들, 위대한 추수)를 읽었다. 당시 동성애에서 벗어나기를 투쟁하던 나에게 그들의 이야기는 정말 신비로웠다.

세상을 주름잡던 깡패, 마약쟁이, 건달들이 어떻게 한 순간에 변화를 받아 오늘날 미국 최대교회 열둘을 석권할 수 있었을까? 그들의 사역은 마치 새로운 사도행전을 보는 것 같았다. 그후 나는 갈보리채플로 전향하였고 특별한 부르심의 은혜 가운데 성령의 체험을 하였다.

[기도] 사랑하는 주님, 오늘 우리는 주께서 택하시고 부르신 칠십인의 제자들을 보았습니다. 아직도 이들은 우리 교회 가운데 역사하고 있습니다. 비록 이름도 없고 출신도 알 수 없지만 이들은 친히 주께서 쓰시는 이 땅의 추수꾼들입니다. 우리에게도 동등한 은혜를 베풀어 주소서. 예수님의 이름으로 기도합니다. 아멘.

[핵심연구]

1. 열두제자와 칠십인 제자의 다른 점은 무엇인가?
2. "사단이 하늘로서 번개같이 떨어지는 것을 내가 보았다" 말씀을 묵상하라.
3. "귀신들이 항복하는 것을 기뻐하지 말고 너희 이름이 하늘에 기록된 것을 기뻐하라"하신 말씀을 묵상하라.
4. "이것을 지혜롭고 슬기로운 자들에게 숨기시고 어린 아이들에게 나타내심을 감사합니다"하신 말씀을 묵상하라.

예수께서 가르치신 기도

(누가복음 11:2) 예수께서 이르시되 너희는 기도할 때에 이렇게 하라 아버지여 이름이 거룩히 여김을 받으시오며 나라이 임하옵시며

오늘 우리가 살펴볼 주께서 가르치신 주님의 기도는 그리스도인들의 헌신적 생활과의 관계에 초점이 맞추어졌다. 그러므로 오늘 우리는 예수께서 무엇을 위해 기도하셨는지를 발견하는 것이 응답받는 기도를 여는 열쇠라고 하겠다.

예수님은 기도의 방법을 묻는 제자들에게 먼저 "너희는 기도할 때에 이렇게 기도하라" 말씀 하셨다. 여기서 우리가 먼저 발견할 것은 기도에 대하여 가르칠 필요가 있다는 것이다. 어떻게 생각하면 제자들은 기도도 할 줄 모르는 사람들인가 생각하겠지만 여기서 말하는 기도는 지금까지 세례 요한이나 구약의 선지자들이 했던 기도와 달리 하늘의 하나님과 이 땅의 성도와의 영적 네트워크를 설정하는 복음의 자녀들의 기도이기 때문이다.

주님은 제일 먼저 "아버지여" 말씀하시어 우리의 기도의 대상과 주소를 깨우치셨다. 그러므로 우리는 "아버지여"라는 호칭 속에서 예수 그리스도의 아버지 하나님은 이 땅의 모든 성도들에게도 동일한 관계가 설정된 것을 알 수 있다. 그러므로 우리의 기도는 하나님과 아들의 관계를 설정하는 매개체인 것이다.

주님은 계속하여 "이름이 거룩히 여김을 받으시오며"라고 가르치셨다. 여기서 "거룩하다"라는 단어는 오직 하나님의 신성에 국한된 존칭으로 하나님의 인격을 포함한다. 또한 "이름이 거룩히 여김을 받는다"는 말씀을 통하여 하나님의 거룩한 이름이 그를 아버지라고 부르는 자들에게 선포되어야 함을 알 수 있다.

세 번째로 주님은 "나라이 임하옵시며"라고 가르치셨다. "나라이 임하옵시며"라는 말씀은 이 땅에 임하실 그리스도의 나라를 언급하신 것이다. 베드로와 야고보와 요한은 주님과 함께 변화산상에서 하나님 나라를 보았다. 베드로는 후일 그의 서신에서 "우리는 그의 크신 위엄을 친히 본 자라"(벧후1:16) 증언하였다. 만약 우리에게 이 소망이 없다면 우리의 믿음과 시험은 무익할 것이다.

네 번째로 주님은 "날마다 일용할 양식을 주옵시고" 말씀하셨다. 이것은 성도들이 이 땅에 살아 있는 목적과 관계된 말씀이다. 그러므로 우리의 하루하루의 삶이 세상 사람들처럼 먹고 마시며 즐기는데 있는 것이 아니라 이 땅에서의 우리의 생명은 오직 우리를 계획하신 하나님의 뜻 가운데 존재한다는 것을 알 수 있다. 그러므로 주님은 "너희는 무엇을 먹을까 무엇을 마실까 염려하지 말라" 하셨다.

다섯번째로 주님은 "우리가 우리에게 죄 지은 모든 사람을 용서하오니 우리 죄도 사하여 주옵시고" 말씀하셨다. 이것은 하나님의 자녀된 우리도 죄에 관하여는 자유로울 수 없음을 깨닫게 하시며 죄가 "우리와 우리"의 관계 속에 설정되어 있음을 알 수 있다. 더 나아가 우리가 서로 죄를 용서할때 우리의 죄도 사함 받을 수 있음을 알 수 있다.

여섯 번째로 주님은 "우리를 시험에 들게 하지 마옵소서" 말씀하심으로 우리의 삶이 영적인 상황에 놓여 있음을 알 수 있으며, 그 누구도 사탄의 시험에서 자유로워질 수 없음을 알 수 있다.

그러므로 주께서 가르쳐 주신 기도는 하나님을 믿는 모든 자들이 이 땅에서 살아가는 목적을 깨닫고, 사람들과 실제적 삶을 영위하며, 영적 전쟁 속에서 승리할 수 있는 능력을 얻게 하기 위한 것이다.

[기도] 사랑하는 예수님, 우리에게 기도를 가르쳐 주셔서 감사합니다. 하나님은 하늘에 계시고 우리는 죄 속에 살고 있어 무엇을 어떻게 기도해야 하는지 알지 못합니다. 이제 우리가 주의 가르쳐 주신 원리를 따라 기도하겠사오니 부디 우리의 기도를 들어주시어 험난한 세상에서 하나님의 평안을 누리게 하여 주시옵소서. 예수님 이름으로 기도드립니다. 아멘.

[핵심연구]
1. 우리는 무엇을 먼저 기도해야 하는가?
2. 왜 일용할 양식을 구하여야 하는가?
3. 하나님의 용서는 무엇이 선행되어야 하는가?
4. 시험은 어디로부터 오는 것인가?

응답받는 기도의 원리

(누가복음 11:9) 내가 또 너희에게 이르노니 구하라 그러면 너희에게 주실 것이요 찾으라 그러면 찾을 것이요 문을 두드리라 그러면 너희에게 열릴 것이니

많은 사람들이 기도는 자기의 목적을 성취하는 도구로 생각하고 있다. 그러나 주님은 기도의 방법을 묻는 제자들에게 "너희는 기도할 때에 이렇게 기도하라"(2) 하시며 기도의 주소와 목적과 우선순위에 대하여 상세히 가르쳐 주셨다.

또한 주님은 기본적인 기도를 가르치신 다음에 "너희 중에 누가 벗이 있는데 밤중에 그에게 가서 말하기를 벗이여 떡 세 덩이를 내게 빌리라 내 벗이 여행 중에 내게 왔으나 내가 먹일 것이 없노라 하면 저가 안에서 대답하기를 이르되 나를 괴롭게 하지 말라 문이 이미 닫혔고 아이들이 나와 함께 침소에 누웠으니 일어나 네게 줄 수가 없노라 하겠느냐"(5-7) 말씀하셨다.

이 말씀을 통해서 우리가 깨달아야 할 것은 우리의 기도가 자신의 필요에만 집중하지 말고 어려운 상황을 당한 이웃을 위해서 체면과 염치를 무릅쓰고 목적을 이룰 때까지 최선을 다해야 한다는 말씀이다.

그러므로 주님은 "내가 너희에게 말하노니 비록 벗됨을 인하여서는

일어나 주지 아니할지라도 그 강청함을 인하여 일어나 그 소용대로 주리라"(8) 말씀하셨다. 여기서 주께서 사용하신 '강청'이란 단어는 '뻔뻔하게' 라는 뜻이다. 수치심 같은 것은 접어 두고 그 목적을 이루기까지 최선을 다해야 한다는 말씀이다.

더욱이 밤중이란 아주 고약한 상황이다. 만약 당신의 아들이 어려운 상황에 처하면 꼭두새벽이라도 일어나 그 일을 해결할 것이다. 그렇다면 어려운 처지에 처한 친구가 손을 내밀 때 당신은 아들을 도왔던 힘과 의기를 쏟을 수 있겠는가? 결코 쉽지만은 않은 일이다.

계속하여 주님은 "내가 또 너희에게 이르노니 구하라 그러면 너희에게 주실 것이요 찾으라 그러면 주실 것이요 문을 두드리라 그러면 너희에게 열릴 것이니 구하는 이마다 받을 것이요 찾는 이가 찾을 것이요 두드리는 이에게 열릴 것이니라"(9,10) 말씀하셨다. 이 말씀은 우리에게 좀 더 깊은 사고를 요하는 말씀이다.

주께서 "구하라"하신 말씀은 사람이 스스로 해결할 수 없는 영적인 상황이다. 다시 말하여 악에 사로잡힌 가족이나 이웃을 구하는 일, 천재지변과 같은 상황에서 주님의 지혜와 손길이 필요한 상황이다. 이처럼 우리의 삶 속에는 사람이 할 수 없는 오직 시간과 공간을 초월하신 하나님만이 하실 수 있는 일들이 일어난다.

그러면 "찾으라"는 말씀은 무슨 뜻인가? 이는 지혜를 요하는 문제이기이다. 당신이 만약 주께서 세우신 영적인 지도자를 찾는다면 당신의 생각이 아닌 주의 인도하심 속에서 그를 찾아야 할 것이다. 또한 주께서 당신을 위해 지으신 배우자를 찾는 것도 지혜이다. 이와 같이 인생의 필요를 찾고자할 때, 현실을 초월한 하나님의 지혜가 필요하다. 우리의 생각과 하나님의 생각은 다르기 때문이다.

또한 "두드리라"는 말씀은 무슨 뜻인가? 여기서 말씀하신 "열릴 것이다"는 미래 수동태이므로 열릴 때까지 멈추지 말라는 뜻이다. 우리는 부르심의 소명을 따라 무엇을 계획하고 전개해 나간다. 그러나 우리가 하고자 하는 일들은 좀처럼 열리지 않을 때가 많다.

바울은 이방 전도를 위해 중앙아시아 북쪽 오지, 비두니아로 들어가려고 갈라디아 지역에 도착했을 때 갑자기 길이 막혔다. 그래서 무시아에서 들어가려 시도했으나 거기서도 길이 열리지 않아 트로아로 내려갔다. 그때 환상 중에 마게도냐 사람이 나타나 '와서 우리를 도우라'는 메시지를 듣고 이것이 주의 뜻인 줄 알고 아시아 선교를 접고 유럽의 교두보인 빌립보로 들어갔다. 이와 같이 선한 일이 멈추지 않기 위해서는 열릴 때까지 두드려야 한다.

이 말씀과 함께 예수님은 "너희 중에 아비 된 자로서 누가 아들이 생선을 달라 하면 생선 대신 뱀을 주며 알을 달라 하면 전갈을 주겠느냐 너희가 악할지라도 좋은 것을 자식에게 줄줄 알거든 하물며 너희 천부께서 구하는 자에게 성령을 주시지 않겠느냐"(12,13) 말씀하셨다.

이와 같이 믿는 자에게는 성령의 역사가 절대적이다. 하나님의 자녀 된 우리가 우리 삶에 필요한 것을 주께 구하고, 찾고, 두드릴때 성령의 능력이 나타나는 것이다.

[기도] 사랑하는 주님, 우리에게 응답받는 기도의 원리를 알려 주심을 감사 드립니다. 우리는 항상 자신의 필요를 구하고 또 자신이 구하는 것들을 자신의 힘으로 이루려고 애를 쓰고 있습니다. 그러나 이제 우리는 주께서 가르쳐 주신 기도로서 이웃을 돕고 성령의 나타나심을 이루게 하소서. 예수님 이름으로 기도합니다. 아멘.

[핵심연구]

1. 이웃을 위한 기도는 왜 강청해야 하는가?
2. 구하라는 말씀은 무슨 뜻인가?
3. 찾으라는 말씀은 무슨 뜻인가?
4. 두드리라는 말씀은 무슨 뜻인가?
5. 당신의 기도는 성령의 도우심을 받고 있는가?

영적전쟁의 실체

(누가복음 11:52) 화 있을진저 너희 율법사여 너희가 지식의 열쇠를 가져가고 너희도 들어가지 않고 또 들어가고자 하는 자도 막았느니라 하시니라

누가복음 9장과 10장은 오늘날 이 땅에 펼쳐진 교회시대의 현장이다. 베드로와 야고보와 요한이 예수님과 함께 변화산상에 올라가 성경의 계시 속에 펼쳐진 장래 일들을 보았듯이, 산아래 아홉 명의 제자들은 서기관들과 신학논쟁에 빠져 있었다. 이는 장차 교회시대에 펼쳐질 두 부류의 교회의 모습이다. 예수님은 우리에게 교회시대에 나타날 교회의 실태를 계시하신 것이다,

또한 10장에서, 우리는 성도의 삶 속에 역사하는 뱀과 전갈을 밟으며 원수의 능력을 제어하는 칠십인의 제자들을 살펴보았다. 이들은 추수시대의 종들이다. 주님은 이들을 가리켜 세상에서는 비록 어린아이와 같으나 너희는 아버지의 뜻과 아들의 소원대로 계시를 받은 자들이라 칭송하시며 성령으로 기뻐하셨다(눅10:21,22).

또한 예수님은 10장 말미에서, 여러 가지 일에 바쁜 자신을 돕지 않는 동생 마리아를 향해 불평하는 마르다에게, 한가지만 하든지 하라 하시며, 주의 발 앞에 앉아 말씀을 듣는 마리아는 좋은 것을 선택하였으니 결코 빼앗기지 않을 것이라고 말씀하셨다. 이 두 여자 또한 오늘

날 우리 교회 안의 두 부류 성도들의 모습이 아닌가 싶다.

오늘 11장에서 우리는 삶 가운데 역사하는 하나님의 능력을 체험하고 우리 삶 속에서 하나님 나라를 지키기 위한 우리 믿음의 책임에 대하여 공부하게 된다. 이를 위해 당신은 먼저 교회의 조직적 권위를 따를 것인가 아니면 하나님의 말씀을 듣고 지키는 성도가 될 것인가를 선택하여야 할 것이다.

만약 예수를 믿는 당신의 눈이 세상의 정욕에 빠져 있다면 당신의 구원은 온전치 못하다. 그 이유는 당신의 눈이 아직 등불을 보지 못하여 당신의 삶이 어두운 것이다.

예수님은 "그러므로 네 속에 있는 빛이 어둡지 아니한가 보라 네 온몸이 밝아 조금도 어두운 데가 없으면 등불의 광선이 너를 비출 때와 같이 온전히 밝으리라 하시니라"(35,36) 경고하셨다.

또한 우리는 11장 말미에서 하나님의 택하신 백성 이스라엘의 패망의 원인을 발견하게 된다. 주님은 그들을 향하여 "화 있을 것이다. 너희 율법사여 너희가 지식의 열쇠를 가져가고 너희도 들어가지 아니하고 또 들어가고자 하는 자도 막았느니라"(52) 심히 책망하셨다. 이 말씀 역시 오늘날 우리 교회 안에 나타나고 있는 영적상황이 아닌가 싶다.

예수님은 하늘로 올라 가시며 제자들에게 "믿는 자들에게는 이런 표적이 따르리니 곧 그들이 내 이름으로 귀신을 쫓아내며 새 방언을 말하며 뱀을 집어올리며 무슨 독을 마실지라도 해를 받지 아니하며 병든 사람에게 손을 얹은즉 나으리라"(막 16:17,18) 당부하셨다.

오늘날 믿음 안에 살고 있는 당신의 믿음의 상황은 어떠한가? 아직도 더러운 뱀과 전갈에 물려 그 아픔에서 헤어나지 못하는 것은 아닌가? 당신은 뱀은 누구이며 전갈의 독은 무어라고 생각하는가? 뱀이 하와에게 무엇을 물었으며 성경을 어떻게 해석하였는가? 만약 당신의 귀가 진리의 말씀을 듣지 못하고 악한 생각에 지배를 받고 있다면 당신도 뱀과 전갈에 물린 인생이 될 것이다.

[기도] 사랑하는 주님, 오늘 우리가 주의 복음서를 통하여 주님이 살아계심을 실감합니다. 주님은 역사 속의 메시아가 아니라 살아계신 하나님의 말씀이며 우리 속에 역사하시는 영이심을 깨닫게 합니다. 말씀이 육신이 되어 우리를 가르치심을 감사합니다. 말씀이 영이 되어 우리를 인도하시니 감사합니다. 이 혼돈의 세상에 주의 등불을 더욱 밝혀 주옵소서, 예수님 이름으로 기도합니다. 아멘.

[핵심연구]
1. 주님의 기도의 목적과 우선 순위와 방법을 묵상하라.
2. 유대인들은 왜 예수님을 바알세불의 왕이라 하였는가?
3. 유대인들은 왜 메시아의 표적을 보여 달라고 하였는가?
4. 요나의 표적과 남방 여왕의 비유는 무엇을 뜻하가?
5. 마르다와 마리아의 말씀이 우리 교회에 주는 교훈은 무엇인가?

카라즈(Caraz)

(누가복음 12:56) 외식하는 자여 너희가 천지의 기상은 분변할 줄을 알면서 어찌 이 시대는 분변치 못하느냐

우리말에 구슬이 서말이라도 꿰어야 보물이란 말이 있듯이 유대인들은 유명한 랍비의 설교를 '카라즈'(Caraz)라고 불렀는데, 이는 '실에 꿰 놓은 진주들'이란 뜻으로 설교는 정갈한 진주를 실에 꿴 것과 같이 정리된 인내의 결정체들이라는 뜻이다.

오늘 누가복음 12장의 설교는 예수 그리스도의 교회를 맡은 제자들이 지켜야할 목양의 원리들이다. 예수님의 모든 설교는 보석이요 진주이지만 특별히 오늘 누가복음 12장을 '카라즈'(Caraz)라고 분류할 수 있는 것은 오늘 주께서 하신 말씀들은 우리 복음 사역자들이 생명과 같이 귀히 여겨야 할 사역의 진주이기 때문이다.

예수님은 먼저 제자들의 목회적 타락을 염려하여 "바리새인들의 누룩 곧 외식을 주의하라"(1) 하셨다. 여기서 외식이란 위선을 뜻한 것으로 연극에서 어떤 배역과 같은 뜻을 갖고 있다. 그러므로 주님은 그리스도의 제자들은 어떠한 악한 상황에서도 예수 그리스도의 증인이 되어 주께서 맡기신 복음을 과감하게 전파하라고 말씀하신 것이다.

두 번째 단락에서 주님은 영혼의 날을 준비하지 못하고 부귀영화에 빠진 어리석은 부자의 비유로서 하나님의 나라를 맡은 목회자들의 재물관을 말씀하셨다. 이는 제자들이 하늘의 소망을 상실하고 먹고 마시는 일에 빠질 것을 염려하신 것이다. 오늘날 허세에 가득한 교회들의 모습이 아닌가?

그러므로 주님은 세 번째 단락에서 허리에 띠를 띠고 등불을 켜고 주인을 기다리는 종의 자세를 요구하시며 다음과 같이 경고하셨다.

"주인의 뜻을 알고도 예비치 아니하고 그 뜻대로 행치 아니한 종은 많이 맞을 것이요 알지 못하고 맞을 일을 행한 종은 적게 맞으리라 무릇 많이 받은 자에게는 많이 찾을 것이요 많이 맡은 자에게는 많이 달라 할 것이니라"(47,48) 하셨다. 이 말씀은 그 어떤 변명의 여지와 예외를 두지 않겠다는 말씀이다.

끝으로 주님은 구름이 서에서 일면 소나기가 오고 남풍이 불면 심히 더울 것을 알듯이, 우리 앞에 다가 올 시대를 분변하고 대처하는 지혜의 필요를 말씀하셨다.

오늘날은 기상대가 과학적 근거를 갖고 일기예보를 알려 주고 있지만, 오늘날 세상의 정치, 경제, 종교적 기상도를 보면 종말의 날이 가까운 것을 알 수 있다. 그럼에도 이 종말의 날에 과연 주님이 오시는 날을 준비하는 목사들은 얼마나 있을까 싶다.

또한 주님은 세상에 빚 지지 말 것을 경고하시며 "한 푼이라도 남김

없이 갚지 아니하면 결단코 나오지 못하리라"(59) 말씀하셨다. 이것은 교회와 성도가 살아가는 능력과 지혜를 어디에 두고 있느냐를 말씀하신 것이다. 오늘날 교회 안에서도 고소고발이 끊이지 않고 있다. 하나님의 성도 곧 예수 그리스도를 왕으로 섬기며 살아가는 교회와 성도들이 먹고 살아가는 문제에 휘말린다면 교회가 세상과 다른 것이 무엇인가?

그러므로 주님은 "너희는 무엇을 먹을까 무엇을 마실까 하여 구하지 말며 근심하지도 말라 이 모든 것은 세상 백성들이 구하는 것이라 너희 아버지께서 이런 것이 너희에게 있어야 될 줄을 아시느니라 오직 너희는 그의 나라를 구하라 그리하면 이런 것을 너희에게 더하시리라"(29-31) 말씀하신 것이다. 이 말씀은 하나님을 믿는 우리들의 영적 삶의 우선순위를 언급하신 것이다.

[기도] 사랑하는 예수님, 우리가 주를 믿으면서도 주님의 말씀대로 살아간다는 것이 얼마나 힘든 일인지요. 주께서 말씀하신 삶의 방법은 우리의 의지만으로 될 수 있는 일은 아닙니다. 그러므로 우리에게는 주님의 능력과 지혜를 전달해 주는 카라즈와 같은 설교가 필요합니다. 이 땅에 당신의 제자들을 거두지 마소서. 예수님 이름으로 기도합니다. 아멘.

[핵심연구]
1. 누룩은 무엇을 뜻하는가?
2. 외식은 무엇을 뜻하는가?
3. 우리는 무엇을 두려워해야 하는가?
4. 그리스도인의 삶의 우선순위는 무엇인가?

이스라엘 Plan

(누가복음 13:16) 그러면 십팔 년 동안 사단에게 매인 바 된 이 아브라함의 딸을 안식일에 이 매임에서 푸는 것이 합당치 아니하냐

예수님은 13장 서두에서 "실로암 망대가 무너져 죽은 열여덟 사람이 모든 예루살렘 사람보다 죄가 더 많은 줄 아느냐?"질문하시며 "너희에게 이르노니 아니라 너희도 만일 회개치 아니하면 다 이와 같이 망하리라"(3) 말씀하셨다.

주님의 이 증거는 성전의 헌금을 실로암 수도공사에 사용하려는 빌라도의 정책에 반기를 들다가 죽임당한 유대인들의 사건을 언급하신 것으로 그 어떤 종교적 의로운 행위로도 구원받을 수 없음을 말씀하신 것이다.

또한 예수님은 이 말씀을 비유로 설명하여 "포도원지기에게 이르되 내가 삼 년을 와서 이 무화과나무에 열매를 구하되 얻지 못하니 찍어 버리라 어찌 땅만 버리느냐"하니 그가 대답하여 "주인이여 금년에도 그대로 두소서 내가 두루 파고 거름을 주리니 이 후에 만일 열매를 맺지 않으면 찍어 버리소서"(눅 13:7-9) 하였다고 비유로 말씀하셨다.

이 말씀에서 포도원에 무화과나무를 심었다는 것 자체가 기이하지만 포도원이나 무화과나무나 모두 이스라엘을 지칭하는 비유이다. 다시

말하여 포도원이 율법 속의 이스라엘이라면 무화과나무는 복음의 나라를 비유하신 것이다.

여기서 우리가 주목해야 할 것은 포도원의 열매를 맺지 못한 무화과나무를 찍어버리지 말고 한 해를 더 연장해달라는 종의 비유로서 하나님의 택함을 받은 유대인들일지라도 복음의 열매를 맺지 못하면 결국 찍힘을 당할 것임을 경고하신 것이다.

그러나 주님은 다시 회복할 이스라엘의 장래를 말씀하시면서 "무화과나무의 비유를 배우라 그 가지가 연하여지고 잎사귀를 내면 여름이 가까운 줄을 아나니 이와 같이 너희가 이런 일이 나는 것을 보거든 인자가 가까이 곧 문 앞에 이른 줄을 알라"(막13:28,29) 말씀하셨다. 이 말씀과 같이 이스라엘은 1948년 5월14일 독립하였다.

더 흥미로운 것은 두 번째 말씀이다. 예수께서 안식일 회당에서 가르치실 때에 십팔 년 동안 귀신들려 앓으며 꼬부라져 펴지 못하는 여자에게 "여자여 네가 네 병에서 놓였다" 명하시고 안식일에 치유하시는 예수님을 책망하는 회당장에게 "그러면 십팔 년 동안 사단에게 매인바 된 이 아브라함의 딸을 안식일에 이 매임에서 푸는 것이 합당치 아니하냐"(16) 책망하셨다.

오늘 우리는 이 두 이야기에서 예수님의 비유가 무엇인지 찾아내야 할 것이다. 우리는 앞에서 십이 년 간 혈루병 앓던 여인이 구원을 얻게 되는 때에 열두 살 난 야이로의 딸이 다시 살아남을 보았다. 성경 해석에 있어 숫자 놀이에 빠지는 것은 바람직하지 않지만 열둘이란 숫자는 하나님의 섭리와 관계된 것이 아닌가? 모든 인생의 구원이 주께 있지 아니한가?

우연의 일치 같지만 실로암 망대에서 죽은 열여덟 사람과 십팔 년 동안 사단에 매인 여인 또한 같은 숫자 아닌가? 십팔 년은 열두 해 보다 6년을 더 지나야 한다. 아직 이스라엘이 사탄에 묶여 있다 하여도 이스라엘의 구원은 예수 그리스도의 예정 섭리안에 있는 것이다.

[기도] 사랑하는 예수님, 오늘 우리는 온 세상이 심각한 상황에 놓인 것을 볼 수 있습니다. 이스라엘은 아직도 팔레스타인과 영토분쟁을 하고 있고 세상은 갈수록 악해지고 있습니다. 주님, 우리는 주께서 속히 오시기를 기다리오니 부디 주의 백성들을 악에서 지켜 주십시오. 예수님의 이름으로 기도합니다. 아멘.

[핵심연구]
1. 포도원에 대한 성경적 비유를 찾으라.
2. 무화과나무에 관한 성경적 비유를 찾으라.
3. "낮이 열 두 시간 아니냐" 하신 요한복음 11장의 말씀을 묵상하라.

[요한복음 11:9,10]
"예수께서 대답하시되 낮이 열 두시가 아니냐 사람이 낮에 다니면 이 세상의 빛을 보므로 실족하지 아니하고 밤에 다니면 빛이 그 사람 안에 없는 고로 실족하느니라"

교회와 소금의 균형

(누가복음 14:33-35) 너희 중에 누구든지 자기의 모든 소유를 버리지 아니하면 능히 나의 제자가 되지 못하리라 소금이 좋은 것이나 소금도 만일 그 맛을 잃었으면 무엇으로 짜게 하리요 땅에도, 거름에도 쓸데없어 내어 버리느니라 들을 귀가 있는 자는 들을지어다

예수님은 혼인잔치 초청자의 입장을 말씀하시며 "네가 점심이나 저녁이나 베풀거든 벗이나 형제나 친척이나 부한 이웃을 청하지 말라 두렵건대 그 사람들이 너를 도로 청하여 네게 갚음이 될까 하라 잔치를 베풀려거든 차라리 가난한 자들과 병신들과 저는 자들과 소경들을 청하라 그리하면 저희가 갚을 것이 없는 고로 네게 복이 되리니 이는 의인들의 부활 시에 네가 갚음을 받겠음이니라"(12-14) 말씀하셨다.

이 말씀에서 우리가 발견해야 하는 것은 '부활의 때'이다. 그러므로 오늘 본문에서 예수님은 혼인잔치 곧 예수 그리스도의 재림을 말씀하신 것이며, 그날에 당신의 부활을 염두에 두고 하신 것이다. 따라서 주님은 우리에게 천국 혼인잔치에 초대받을 대상들이 어떤 사람인 것을 말씀하고 계신 것이다.

계속하여 예수님은 "망루를 세우는 자는 먼저 망루가 완성되기까지의 비용을 예산하여야 할 것이라"(28) 말씀하시며 다시 "전쟁터에

나가는 임금이 적군의 군세를 미리 파악하여 자신의 군세가 적군을 대적할 수 없으면 적군이 멀리 있을 때 먼저 사신을 보내어 화해를 청해야 할 것"(31,32)이라 말씀하셨다. 이 말씀은 오늘날 대책 없이 일만 벌려 놓은 교회의 목사들에게 하신 책망과도 같다.

교회를 지으면 성도들이 몰려올 것이라는 막연한 착각에 사로잡혀 성도들을 담보로 과도하게 은행 빚을 내어 낭패를 당하는 교회들이 부지기수이다. 그로하여 목사와 성도들이 반목되고 결국 교회를 파는 사례들이 빈번하다.

그러므로 주님은 자기를 따르는 제자들에게 "너희 중에 누구든지 자기의 모든 소유를 버리지 아니하면 능히 나의 제자가 되지 못하리라 소금이 좋은 것이로되 소금도 만일 그 맛을 잃었으면 무엇으로 짜게 하리요 땅에도 거름에도 쓸데없어 내어 버리느니라 들을 귀 있는 자는 들을지어다"(33-35) 말씀하셨다.

여기서 주님은 제자의 삶을 소금에 비유하셨다. 그러나 그보다 더 중요한 것은 소금의 역할을 다하기 위해서는 세상에서의 자기의 존재 가치를 버려야 할 것을 말씀하신 것이다. 원래 소금은 그대로 있을 때에는 커다란 가치가 없다. 그러나 소금이 음식에 녹아들어가 맛을 내고 소금의 역할에 충실할 때 그 가치가 나타난다.

소금의 역할은 음식의 맛을 내는 것 외에 음식을 상하지 않도록 갈무리하고, 상처를 치료하는데 사용 된다. 그러나 소금의 본연의 역할은 맛을 내는 것이다. 더 중요한 일은 소금의 역할은 자기의 맛을 내기 위한 것이 아니라 음식물이 갖고 있는 가장 좋은 맛을 내게 하는 것이다. 다시 말하여 소금을 쳐서 생선의 맛을 내고, 나물의 맛을 내야하는 것이지 소금의 맛을 내는 것은 아니다. 그러므로 소금을 너무 많이 쳐도, 적게 넣어도 안 된다.

그러므로 주님은 "사람마다 불로써 소금 치듯함을 받으리라 너희 속에 소금을 두고 서로 화목하라 하시니라"(막9:49,50) 말씀하셨다. 이와 같이 복음의 제자 된 우리는 사역의 균형을 이루는 것이 매우 중요하다.

오늘날 많은 목사들이 성령, 구원, 종말에 대하여 자기중심적 해석을 하므로 믿음의 질서가 깨어지고 있다. 이는 자기 욕망에 사로잡힌 목사들의 무지에서 나온 것이다. 그러므로 소금의 비유는 복음의 제자의 가치를 상실하고 무가치하게 버려지게 될 것을 예고하신 것이다.

[기도] 사랑하는 주님! 주께서 이처럼 자상하고 간곡하게 말씀을 주셨는데도 아직도 자기의 위치와 역할을 깨닫지 못하고 술에 취한 사람처럼 달려 나가는 사람들이 있습니다. 엘리사가 물의 근원에 소금을 던지듯이 아름다운 주님의 땅을 고쳐 주소서. 예수님의 이름으로 기도합니다. 아멘.

[핵심연구]
1. 소금의 역할은 무엇인가?
2. 주님은 왜 주의 제자들이 자기의 소유를 버려야 한다고 하셨는가?
3. 열왕기하 2장 19장–22절 말씀을 묵상하라.

구원의 섭리와 기쁨

(누가복음 15:7) 내가 너희에게 이르노니 이와 같이 죄인 하나가 회개하면 하늘에서는 회개할 것 없는 의인 아흔 아홉을 인하여 기뻐하는 것보다 더하리라

오래 전에 '집 나가면 개고생이다'라는 TV 광고가 사람들의 배꼽을 잡았다. 아마 그 당시 집나온 사람들은 이 광고를 볼 때마다 따뜻한 밥상을 차려 놓고 아들을 기다리는 어머니의 얼굴을 그리면서 씁쓸한 웃음을 지을 것이다.

혹시 여러분은 귀한 물건을 잃었다가 다시 찾은 일이 있는가? 혹시 집에서 기르던 강아지를 잃어버렸던 기억은 없었는가? 아니면 집을 나가 방탕한 생활을 하는 아들 때문에 근심을 하고 있지는 않은가? 이러한 일들은 우리 삶 가운데 종종 일어나는 일들이다. 아마 다시 찾은 기쁨을 경험한 사람은 오늘 이야기에 대해 이해가 빠를 것이다.

오늘 주께서 우리에게 보여주신 첫 번째 그림은 양과 목자이다. 양은 자생능력과 귀소본능이 없어 목자가 없이는 살아가지 못한다. 그래서 목자는 양 한 마리를 잃으면 오던 길로 다시 나가 길 잃은 양을 찾아야 한다. 살아있는 가축이라도 길을 잃으면 스스로 자기 주인에게 찾아오지 못하는 양의 속성을 말씀하신 것이다.

주님은 제자들을 보내시며 "너희는 이스라엘 집의 길 잃은 양에게 가라" 명령하셨다. 이스라엘 백성들은 하나님의 양들임에도 불구하고 참 목자를 만나지 못하여 길을 잃었기 때문이다. 이와 같이 하나님의 백성들에게는 보내심을 받은 목자가 필요한 것이다.

두 번째 삽화는 여인이 '잃어버린 은화 한 닢'이다. 이것은 중동의 예화로서, 남편의 혼인서약으로 받은 은화 열 닢을 꿰어 머리에 장식했던 결혼 풍습으로, 다시 말해 나는 누구의 신부라는 증표이다. 그러므로 비록 한 닢을 잃어버린 것이지만 머리에 아홉 개를 장식할 수는 없는 것이다.

그러므로 등불을 켜서 집안을 밝히고 '찾을 때까지 찾는다'는 말씀은 혼인잔치에 들어갈 신부의 삶이 밝고 투명해야 하는 엄중함을 경고한 것이다. 이와 같이 예수 그리스도의 신부로 선택받은 우리 성도는 신부된 언약을 상실하면 혼인잔치에 들어가지 못할 것이다.

세 번째 삽화는 돌아온 탕자의 비유이다. 아무리 생명같이 귀한 아들이라도 스스로 아비 집을 나가고자 하는 자식의 고집을 막을 수 없다. 그 마음을 돌릴 수 있는 것은 세상의 고통 속에서 자신이 죄인인 것을 깨닫게 하신 섭리 속에 역사하는 하나님의 은혜이다.

오늘의 예수님의 비유는 참으로 흥미롭다. 먼저는 잃어버린 양이요, 두 번째는 잃어버린 은화요, 세 번째는 잃어버린 아들이다. 말 못하는 짐승을 잃어도 안타깝고, 소중한 기념품 하나를 잃어도 견딜 수 없는데 하물며 사랑하는 아들이야 어떻겠는가?

나는 오랜 세월 탕자로 살아왔다. 하나님을 알지 못하던 어린 시절부터 사탄이 이끄는 대로 육신의 정욕을 따라 더러운 삶을 살았다. 그럼에도 하나님은 예정하신 뜻을 따라 나에게 구원의 복음을 주시고 말씀으로 씻어 그의 정결한 신부가 되게 하셨다.

그러므로 이제 나는 내게 주신 진리의 말씀의 은혜를 따라 길 잃은 양들을 찾아 나서는 것이며, 은화 한 닢을 잃어버린 신부들이 스스로 잃은 것을 찾을 수 있도록 집안의 불을 밝히는 것이며, 집나간 탕자들에게 영혼의 복음을 전하는 것이다.

바울은 "또 미리 정하신 그들을 또한 부르시고 부르신 그들을 또한 의롭다 하시고 의롭다 하신 그들을 또한 영화롭게 하셨느니라"(롬 8:30) 증거하였다. 이는 하나님의 택하심의 예정을 말한 것이다. 그러므로 우리는 많은 사람들에 대하여 참고 기도해야 할 것이다.

[기도] 사랑하는 하나님! 잃어버린 자를 찾으시는 하나님의 사랑에 감사드립니다. 우리로 하나님의 기쁨을 위해 길 잃은 어린양을 찾아 나서는 목자가 되게 하소서. 예수님 이름으로 기도합니다. 아멘.

[핵심연구]
1. 목자는 왜 길 잃은 한 마리 양을 찾아 나서야 하는가?
2. 신부는 왜 잃어버린 은 한 닢을 찾아야만 했는가?
3. 탕자가 하나님을 찾은 때는 언제였는가?

율법의 딜레마

(누가복음 16:16,17) 율법과 선지자는 요한의 때까지요 그 후부터는 하나님 나라의 복음이 전파되어 사람마다 그리로 침입하느니라 그러나 율법의 한 획이 떨어짐보다 천지의 없어짐이 쉬우리라

많은 그리스도인들이 '내가 주 예수를 믿어 죄 사함을 받았고 나는 천국에 들어간다'고 믿는다. 이 진리는 성경적이고 복음적이다. 그러나 과연 그렇게 말하는 사람들이 모두 천국에 들어 갈 것인가에 대하여 성경은 부정적이다.

물론 성경이 중요시 하는 구원은 영적인 것이다. 그러나 인간은 영과 혼과 육으로 창조되어 있어 영생에 이르는 온전한 구원이란 영혼과 육체의 구원이다. 이것이 부활의 정의이다.

그러므로 바울은 "평강의 하나님이 친히 너희로 온전히 거룩하게 하시고 또 너희 온 영과 혼과 몸이 우리 주 예수 그리스도 강림하실 때에 흠 없게 보전되기를 원하노라"(살전5:23) 기도하였다.

그러나 믿는 자들 중에도 영적생활은 육신의 생활과 무관한 것으로 여기는 사람들이 있다. 그들은 죽음 이후의 천국생활은 영적인 것이기 때문에 죄의 문제에 걸릴 것이 없다고 말한다. 그러나 죄사함을 받은 의인이 죄인으로 살아도 된다는 말은 결코 아니다.

성경은 "너희도 이것을 정녕히 알거니와 음행하는 자나 더러운 자나 탐하는 자 곧 우상 숭배자는 다 그리스도와 하나님 나라에서 기업을 얻지 못하리니"(엡 5:5) 기록하였다. 이는 믿지 않는 자들의 행위를 논한 것이 아니라 믿는 자들을 언급한 것이다.

그러므로 바울은 "너희 중에 이와 같은 자들이 있더니 주 예수 그리스도의 이름과 우리 하나님의 성령 안에서 씻음과 거룩함과 의롭다 하심을 얻었느니라"(고전 6:11) 기록하였다. 이것은 바울 신학의 중요 핵심이기도 하다.

누가복음 16장에는 율법 속에 살며 천국을 소망하던 유대인 중 부자와 거지 나사로의 사후 세계의 일들을 비유로 말씀하셨다. 이 말씀은 그리스도의 은혜와 평강을 누리며 하나님 나라에 들어가기를 소망하는 우리에게 이생에서의 삶의 방법과 태도가 매우 중요함을 깨우친다.

그러므로 복음적 삶이란 그리스도의 진리의 가르침과 성령의 인도하심 가운데 살아가는 믿음의 삶을 뜻한다. 그 안에서 인생을 발견하고 사명을 깨달아 자신에게 맡겨진 일들 곧 청지기의 삶을 사는 것이다.

오늘 주님은 우리에게 "율법과 선지자는 요한의 때까지요 그 후부터는 하나님 나라의 복음이 전파되어 사람마다 그리로 침입하느니라"(16) 말씀하셨다. 이 말씀은 한마디로 율법으로는 천국에 들어갈 수 없다는 말씀이다.

계속하여 주님은 "그러나 율법의 한 획이 떨어짐보다 천지의 없어짐이 쉬우리라"(17) 하셨다. 이 말씀은 복음으로 사는 자들은 율법에 거침이 없어야 한다는 말씀이다.

그러므로 바울은 "그리스도는 모든 믿는 자에게 의를 이루기 위하여 율법의 마침이 되시니라"(롬10:4) 증거하였다. 이것이 율법의 딜레마이며 오늘날 복음으로 사는 우리의 고민이 아닌가 싶다.

[기도] 사랑하는 주님, 우리가 복음의 시대에 살고 있음을 감사드립니다. 주께서 여인이 낳은 자 중에 가장 큰 자인 세례 요한이라도 천국에서는 가장 작은 자라 말씀하셨습니다. 그러나 내 영혼이 육체를 만족하고 그리스도의 복음을 듣지 못한다면 나 또한 율법 속에 사는 자와 같을 것입니다. 나에게 하나님의 말씀을 들을 수 있는 귀를 허락하소서. 예수 이름으로 기도합니다. 아멘.

[핵심연구]
1. 율법과 선지자는 요한의 때까지란 말씀은 무슨 뜻인가?
2. 율법과 복음의 차이는 무엇인가?
3. 율법의 한 획이 떨어짐보다 천지가 없어짐이 쉽다는 말씀은 무슨 뜻인가?
4. 천국에 들어가기 위해서 우리가 할 일은 무엇인가?

영혼의 딜레마

(누가복음 16:31) 가로되 모세와 선지자들에게 듣지 아니하면 비록 죽은 자 가운데서 살아나는 자가 있을지라도 권함을 받지 아니하리라 하였다 하시니라

오늘 누가복음 16장에서 예수님은 부자와 거지 나사로의 비유로 영혼의 구원에 대한 말씀을 하셨다. 여기서 부자는 앞에서 언급된 돈을 좋아하는 바리새인일 수도 또한 제사장일 수도 있다. 어쩌면 오늘날 돈을 좋아하는 목사나 장로일 수도 있다.

예수께서 비유하신 부자는 자색 옷과 고운 베옷을 입고 날마다 호화스러운 생활을 했다. 그의 아비와 다섯 형제도 마찬가지다. 그러나 거지 나사로의 생애는 병들어 헐었고 그 상처를 개들이 핥았으며, 그는 부잣집 대문에 누워 상에서 떨어지는 것으로 배를 채워야 했다.

그러나 거지 나사로는 죽어 그 영혼이 천사에게 받들려 아브라함의 품에 들어가고 부자도 죽어 음부 곧 땅 속 깊은 곳에 범죄한 영혼을 위해 예비된 지옥으로 내려갔다. 이것으로 우리는 사후세계는 그가 이생에서 어떻게 살았느냐에 따른 결과로 가늠된다는 것을 알 수 있다.

부자가 죽어 물 한 방울 얻지 못하는 지옥에 누워 멀리 아브라함의

품에 나사로가 안식을 누리고 있는 것을 보고 "아버지 아브라함이여 나를 긍휼히 여겨 나사로를 보내어 그 손가락 끝에 물을 찍어 내 혀를 서늘하게 하소서 내가 이 불꽃 가운데서 고민하나이다"(24) 울부짖었다.

흥미로운 것은 '그가 불꽃 가운데서 고민했다'는 기록이다. 살아서 우리가 불꽃 가운데 있다면 뜨거움에 타 죽을 것인데, 사후에는 육신이 아닌 그의 영혼이 뜨거운 불속에서 견딜 수 없는 고통을 받고 있다는 것이다. 혹시 당신은 불과 같은 인생의 고통 속에서 고민해 본 일이 있는가? 먹지도 잘 수도 없는 영혼의 고통을 겪어 본 일이 있는가?

아브라함은 그에게 "얘야 너는 살았을 때 네 좋은 것을 받았고 나사로는 고난을 받았으니 이것을 기억하라 이제 저는 여기서 위로를 받고 너는 고민을 받느니라"(25) 하였다. 위로나 고민이나 모두 우리의 심령으로 받는 것이라고 할 때 인생의 평안이 육체가 아닌 영혼의 안위에 있음을 알 수 있다.

또한 아브라함은 그에게 "이뿐 아니라 너희와 우리 사이에 큰 구렁이 끼어 있어 여기서 너희에게 건너가고자 하되 할 수 없고 거기서 우리에게 건너올 수도 없게 하였느니라"(26) 말하였다. 흥미로운 것은 지옥과 천국이 서로 바라보며 희비애락을 느낄 수는 있지만, 서로 왕래하고 교제할 수는 없다는 것이다.

아브라함의 말을 들은 부자는 체념한 듯이 "그러면 구하노니 아버지여 나사로를 내 아버지의 집에 보내소서 내 형제 다섯이 있으니 저희에게 증거하게 하여 저희로 이 고통받는 곳에 오지 않게 하소서"(27,28) 간청하였다.

이에 아브라함은 "저희에게 모세와 선지자들이 있으니 그들에게 들을지어다" 답하였다. 이와 같이 율법의 시대에도 모세를 통하여 율법을 주셨고 또 선지자들을 보내어 그들을 죄에서 돌이키려 책망하셨음을 알 수 있다. 그러나 부자들은 부귀영화에 사로잡혀 장차 펼쳐질 영혼의 날에 대한 권고를 거절했던 것이다.

그러나 부자는 다시 "그렇지 않습니다. 아버지 아브라함이여 만일 죽은 자에게서 저희에게 가는 자가 있으면 회개하리이다"(30) 애걸하였다. 여기서 부자는 때늦은 회개를 하고 있다. 살아생전에 그는 육체의 즐거움에 빠져 회개할 필요를 느끼지 못했기 때문이다.

이에 아브라함은 "모세와 선지자들에게 듣지 아니하면 비록 죽은 자 가운데서 살아나는 자가 있을지라도 권함을 받지 아니하리라"(31) 경고하였다. 이것이 영혼의 권고 곧 돌이킴을 위한 회개의 원리인 것이다. 사람의 죄에 대한 회개는 오직 살아 생전에 해야한다는 말씀이다. 죽어서는 회개할 기회가 없다는 말이다.

어쩌면 예수를 믿은 당신은 "나는 율법의 시대에 살고 있지 않고 복음의 시대에 살고 있으니 구원받은 나에게 해당되지 않는다" 말할지도 모른다. 그러나 여기서 부자는 아브라함을 보고 아버지라 하고 있다. 그러므로 종말의 때를 살고 있는 우리는 장차 하나님 아버지 앞에서 자신의 삶의 의로움을 증거할 수 있을까 생각해야 할 것이다.

부자도 살아 있는 동안에 부분적으로 율법을 지키고 부분적으로 선지자의 전도를 들었을 것이다. 그러나 복음의 권고를 받아 심령이 돌이키지 못하였다면 훗날 당신의 영혼도 이 부자와 같이 동일하게 돌이킬 수 없는 때늦은 후회를 하게 될지 모른다.

그러나 삶이 어렵고 설혹 육신에 병이 들었다 해도 그리스도의 복음 안에서 주의 뜻을 기리는 당신은 고민할 필요가 없다. 당신의 영혼은 살아서 위로를 받고 죽어서도 영생을 누릴 것이기 때문이다.

[기도] 사랑하는 주님, 나는 당신의 거룩한 이름을 찬송하나이다. 내 영혼이 주의 말씀 속에서 안식하고 있사오니 아직 나로 이루지 못한 복음의 책임을 다 이루게 하소서. 예수 그리스도의 이름으로 기도 드립니다. 아멘.

[핵심연구]
1. 부자는 왜 아브라함을 가리켜 아버지라고 불렀는가?
2. 왜 나사로는 죽어서 아브라함의 품으로 들어갔는가?
3. 음부는 어디를 뜻하며 누가 들어가는 곳인가?
4. 영혼의 구원은 무엇으로 얻을 수 있는가?

영혼의 스캔들

(누가복음 17:2) 저가 이 작은 자 중에 하나를 실족케 할진대 차라리 연자맷돌을 그 목에 매이우고 바다에 던지우는 것이 나으리라

'실족'이란 헬라어 '스칸달론'으로 오늘날 올가미를 뜻하는 '스캔들'(scandal)이 여기서 파생되었다. 원래 이 말은 짐승을 잡기 위한 미끼를 건 막대기 또는 사람을 함정에 빠뜨리기 위한 장애물을 뜻한다. 또한 스캔들은 고대로부터 정적들을 죽이기 위한 마녀사냥의 도구로도 사용되었다.

동서고금 어느 정권을 보든지 정적을 죽이기 위한 스캔들은 끊이지 않았다. 최근 복권운동이 일어나고 있는 중국의 천안문 사건이나, 우리나라의 518 광주 민주화 운동, 여순반란 사건들은 모두 좌파우파의 이념 갈등 속에 서로 쳐 놓은 올가미의 희생들이다.

스캔들이란 말은 근대에 와서 매우 폭넓게 사용되었는데, 만약 당신이 알지 못하는 것을 가르친다면 사람을 실족시키게 될 것이다. 또한 당신의 이익을 위해 내용을 왜곡시키는 것도 사람을 실족시키는 것이다. 그러나 인생에서 가장 큰 스캔들은 세상철학과 이념과 사상으로 사람의 인격을 세뇌 시키는 영적 올무이다.

그러므로 만약 누가 성경의 진리가 아닌 다른 복음을 가르친다면 이

는 영혼의 큰 올가미요 덫이 된다. 그러므로 바울은 "우리나 혹 하늘로부터 온 천사라도 우리가 너희에게 전한 복음 외에 다른 복음을 전하면 저주를 받을지어다"(갈1:8) 강력하게 경고하였다.

주님은 믿는 자들의 실족을 우려하여 "낮이 열 두시가 아니냐 사람이 낮에 다니면 이 세상의 빛을 보므로 실족하지 아니하고 밤에 다니면 빛이 그 사람 안에 없는고로 실족하느니라"(요11:10,11) 하셨다.

또한 주님은 "누구든지 나를 믿는 이 소자 중 하나를 실족케 하면 차라리 연자 맷돌을 그 목에 달리우고 깊은 바다에 빠뜨리우는 것이 나으니라 실족케 하는 일들이 있음을 인하여 세상에 화가 있도다 실족케 하는 일이 없을 수는 없으나 실족케 하는 그 사람에게는 화가 있도다"(마18:6,7).

여기서 우리는 믿는 자가 왜 실족하는가를 생각해 볼 필요가 있다. 이는 생명의 지식이 온전하지 못할 때 생기는 영적 변수이다. 이는 사기꾼에게 사기를 당하는 원리와도 같다. 다시 말하여 성도들이 잘못된 신앙에 빠지는 것은 진리의 가르침을 받지 못하여 성경을 알지도 깨닫지도 못하므로 마귀의 덫에 붙잡히는 것이다.

그러므로 주님은 제자들에게 "이 작은 자 중에 하나를 실족케 한다면 차라리 연자맷돌을 그 목에 매이고 바다에 던지우는 것이 나으리라"(2) 말씀하신 것이다.

여기서 우리는 베데스다 연못에서 예수님을 만나, 38년 된 병에서 놓임을 받고도 영혼의 구원자 예수 그리스도를 깨닫지 못하고 성전을 헤메던 것을 생각해 볼 필요가 있다. 또한 당신은 비록 소경이었으나 나사렛 예수라는 말을 듣고 예수 앞에 엎드려 나로 구원의 주를 보게 하소서 외친 바디메오를 기억해야 한다.

오늘 주님은 본문 끝에서 "두 여자가 함께 맷돌을 갈고 있으매 하나는 데려감을 얻고 하나는 버려둠을 당할 것이니라"(35) 하시니 제자들이 "주여 어디오니이까" 묻자 주께서 "주검 있는 곳에는 독수리가 모이느니라"(37) 하셨다.

만약 당신이 예수 그리스도를 믿어 하나님 나라가 임한 것이면 먹고 마시고 사고 팔고 심고 집을 짓는 일에 빠지지 않을 것이다. 오늘 주께서 노아의 때와 롯의 때를 비유로 말씀하셨기 때문이다(26-35). 만약 당신이 예수 안에 살며 세상에 대하여 죽는다면 큰 독수리의 두 날개를 받아 양육을 받을 것이요, 만약 당신이 세상에 대하여 살고자 한다면 살육당할 자를 찾는 독수리가 빠르게 달려 올 것이다.

[기도] 사랑하는 예수님, 우리는 오직 주님의 말씀을 듣고 지키는 자가 되어 온전한 믿음으로 구원에 이르겠습니다. 우리에게 믿음을 더해 주시옵소서. 아멘.

[핵심연구]

1. 실족의 뜻은 무엇인가?

2. 우리의 실족은 어디로서 오는가?

3. 우리의 온전한 믿음은 어디에 있는가?

용서의 정의

(누가복음 17:3) 너희는 스스로 조심하라 만일 네 형제가 죄를 범하거든 경계하고 회개하거든 용서하라

누가복음 17장은 실족과 관계된 말씀으로 시작된다. 예수님은 제자들에게 "실족케 하는 것이 없을 수는 없으나 있게 하는 자에게는 화로다 저가 이 작은 자 중에 하나를 실족케 할진대 차라리 연자맷돌을 그 목에 매이우고 바다에 던지우는 것이 나으리라"(1,2) 말씀하셨다.

이 말씀은 복음의 제자들은 어떤 일이 있어도 성도들을 실족 시켜서는 안 된다는 말씀이다. 그런데 주님은 이 말씀과 함께 용서에 대한 말씀을 하시며 "너희는 스스로 조심하라" 하셨다. 다시 말하여 용서에 대한 복음의 진리에서 실족되어서는 안 된다는 말씀이다.

그러나 예수께 "하루에 일곱 번 죄를 지은 형제가 돌아와 회개하면 용서하라"(3)는 말씀을 들은 제자들은 아무리 생각해 보아도 자신들의 믿음으로는 그렇게 할 수 없다는 생각이 들어 "우리에게 믿음을 더하소서"(5) 청하였다. 그들은 하루에 일곱번 용서하는 것은 커다란 믿음 없이는 할 수 없다고 생각했기 때문이다.

그러나 제자들의 요청에 예수님은 "너희에게 겨자씨 한 알만한 믿음이 있었더면 이 뽕나무더러 뿌리가 뽑혀 바다에 심기우라 하였을 것

이요 그것이 너희에게 순종하였으리라"(6) 말씀하셨다.

사실 뽕나무는 뿌리가 넓고 깊게 내리는 나무라서 태풍이 불어도 뽑히지 않는다. 그러므로 예수께서 용서를 뽕나무 비유로 말씀하신 것은 용서는 믿음으로 하는 것이 아니라 주님의 말씀에 무조건 순종해야 하는 절대성을 말씀하신 것이다. 그 이유는 그가 하나님 앞에 회개하였기 때문이다.

그러므로 주님은 이를 설명하여 "너희 중에 뉘게 밭을 갈거나 양을 치거나 하는 종이 있어 밭에서 돌아오면 저더러 곧 와 앉아서 먹으라 할 자가 있느냐 도리어 저더러 내 먹을 것을 예비하고 띠를 띠고 나의 먹고 마시는 동안 수종 들고 너는 그 후에 먹고 마시라 하지 않겠느냐 명한대로 하였다고 종에게 사례하겠느냐"(7-9) 말씀하셨다.

여기서 예수님은 주인과 종의 관계를 언급하신 것이다. 종은 주인에 대하여 어떤 상황에서도 자기의 맡은 바 일을 끝까지 최선을 다해 수행하여야 한다. 다시 말하여 주인과 종은 상명하복의 관계로서 종은 자기의 의지적 결정이 아닌 무조건 순종해야 하는 것이다.

나는 동성애 사역을 하면서 이 문제에 고민을 한 때가 있었다. 동성애 문제로 고통받는 많은 형제들이 몰려들기 시작하면서 내 사역이 이제부터 열리는가 보다 하는 기쁨을 누리기도 전에 밤을 지새고 나면 문제가 터졌기 때문이다. 보기에는 천사같고 상담을 하면서 눈물을 흘리며 변화의 소망으로 가득 찼던 청년들이 육체의 발톱을 드러냈기 때문이다.

교회생활을 하면서 서로 마음에 맞는 형제들끼리 은밀한 관계를 갖고 캠프를 가서도 은밀한 행위들이 드러났다. 끼리끼리 미팅을 하고 주일에도 은연 중에 더러운 감정을 나누고 있었다. 걱정하던 일이 눈밑에서 일어나고 있었던 것이다.

주님은 이 문제로 애통하는 나에게 "만일 네 손이나 네 발이 너를 범죄케 하거든 찍어 내버리라 불구자나 절뚝발이로 영생에 들어가는 것이 두 손과 두 발을 가지고 영원한 불에 던지우는 것보다 나으니라"(마 18:8) 말씀하셨다. 다시 말하여 죄를 끊어내지 않으면 결국은 망하는 길이며 잃어버린 자가 되는 것이다.

결국 그들의 죄의 문제를 책망하고 눈에 드러난 몇몇 청년들에게 경고하고 그래도 듣지 않는 자들을 교회에서 내보내야 했다. 이 일로 십여 명이 교회를 떠났다. 이들 중에는 성경대학 과정을 마친 청년도 있었고, 일곱 번의 사건을 겪은 후에 내보낸 형제도 있었다.

이때 내 마음을 아프게 한 말씀이 바로 용서였다. 더욱이 예수께서 일곱 번씩 칠십 번이라도 용서하라는 주님의 말씀은 뇌리에서 떠나지 않았다. 나는 이 문제를 놓고 몇 날을 고민하며 기도하였다.

그럼에도 나는 아직도 이들 때문에 괴로워 한다. 이들이 주께 돌아오기를 기다리며 기도하고 있다. 주께서 제자들에게 "이 소자 중에 하나라도 잃어지는 것은 하늘에 계신 너희 아버지의 뜻이 아니니라"(마 18:14) 하신 말씀이 귀를 때리기 때문이다.

[기도] 사랑하는 나의 주 예수님! 죄를 지은 사람을 용서하는 것은 믿음의 크고 작음에 있는 것이 아니라 용서하라 하신 주님의 명령에 순종해야 하는 것임을 깨달았습니다. 그럼에도 우리는 회개의 결과를 보고 판단하려고 합니다. 그러나 회개는 자기의 죄를 깨닫고 하나님께 돌아선 것이므로 우리는 오직 주께서 우리의 죄를 용서하심과 같이 우리에게 죄지은 형제를 용서할 따름입니다. 우리 주 예수 그리스도의 이름으로 기도드립니다. 아멘.

[핵심연구]
1. 용서는 어느 때 해야 하는가?
2. 용서는 몇 번까지 해야 하는가?
3. 왜 용서는 믿음으로 하는 것이 아니고 순종인가?

믿음생활의 다섯 가지 오해

(누가복음 18:34) 제자들이 이것을 하나도 깨닫지 못하였으니 그 말씀이 감추었으므로 저희가 그 이르신 바를 알지 못하였더라

날이 갈수록 사람들의 믿음은 그 본질에서 퇴색되어 세속화되고 있다. 모두가 자기 위치에서 열심히 믿음생활을 하고 있지만 자신의 믿음을 자기 입장에서 합리화하려는 경향이 있다. 오늘 우리는 누가복음 18장에서 우리의 믿음생활과 관련된 잘못된 생각들을 살펴보고자 한다.

첫째, 기도 응답에 대한 오해
예수님은 비유를 들어 "어떤 도시에 하나님을 두려워 아니하고 사람을 무시하는 한 재판관이 있는데 그 도시에 한 과부가 있어 자주 그에게 가서 내 원수에 대한 나의 원한을 풀어 주소서 하되 그가 얼마 동안 듣지 아니하다가 후에 속으로 생각하되 내가 하나님을 두려워하지 아니하고 사람을 무시하나 이 과부가 나를 번거롭게 하니 내가 그 원한을 풀어 주리라 그렇지 않으면 늘 와서 나를 괴롭게 하리라"(2-5)하시며 "불의한 재판관의 말한 것을 들으라 하물며 하나님께서 그 밤낮 부르짖는 택하신 자들의 원한을 풀어 주지 아니하시겠느냐 저희에게 오래 참으시겠느냐"(6-7) 하셨다.

이 말씀은 하나님과 그의 성도들과의 관계에 대한 잘못된 인식을 지

적하신 것이다. 그 이유는 하나님은 불의한 재판관처럼 자기의 유익을 따라 판단하는 분이 아니시기 때문이다. 하나님은 공의로 판단하시며, 우리 또한 그의 의로운 자녀이다. 그러므로 성도의 기도는 날마다 강청해야만 귀찮아서 마지 못해 들어 주시는 것이 아니라 당연히 들어 주신다는 말씀이다.

그러나 주님은 이 말씀과 함께 "내가 너희에게 이르노니 속히 그 원한을 풀어 주시리라"(8) 하셨다. 여기서 우리는 성도들의 원한이 무엇인가를 생각해 볼 필요가 있다. 이는 말할 것도 없이 성도들의 의로운 생활에 대한 세상의 핍박이다.

그러면 주께서 "그러나 인자가 올 때에 세상에서 믿음을 보겠느냐" 반문하신 것은 무슨 이유일까? 이것은 주의 날이 가까워질수록 성도들의 믿음이 변질되어 의롭지 못한 것을 옳다 하고 진리가 아닌 것을 따르는 세속화된 생활에 빠질 것을 염려하신 것이다.

둘째, 의로움에 대한 오해

예수님은 성전에 올라가 기도하는 두 사람을 비유하여, "바리새인은 서서 따로 기도하여 가로되 하나님이여 나는 다른 사람들 곧 토색, 불의, 간음을 하는 자들과 같지 아니하고 이 세리와도 같지 아니함을 감사하나이다 나는 이레에 두 번씩 금식하고 또 소득의 십일조를 드리나이다"(11,12) 고백하였다.

그러나 "세리는 멀리 서서 감히 눈을 들어 하늘을 우러러보지도 못하고 다만 가슴을 치며 하나님이여 불쌍히 여기옵소서 나는 죄인이로

소이다"(13) 탄식하였는데 주님은 "이 세리가 저 바리새인보다 의롭다 하심을 받고 집으로 내려갔느니라"(14) 말씀하셨다.

날이 갈수록 세상을 따라 교회도 양극화되어 가고 있다. 마치 바리새인처럼 자신들의 행위의 의로움과 믿음의 증거를 자랑하며 예수를 믿으면서도 아직 세속적인 삶을 벗지 못한 신자들을 비웃는다. 그러나 주님은 "무릇 자기를 높이는 자는 낮아지고 자기를 낮추는 자는 높아지리라" 말씀하셨다. 주님이 찾으시는 사람은 자만하는 자가 아니라 주의 은혜를 갈망하는 상한 심령이다.

셋째, 섬김에 대한 오해

누가복음 18장 15,16절에는 "어떤 사람이 예수께 만져 주심을 바라고 어린 아기를 데리고 오매 제자들이 그를 꾸짖거늘, 예수께서 이르시되 어린아이들이 내게로 오는 것을 용납하고 금하지 말라 하나님의 나라가 이런 자의 것이니라" 기록되었다.

이와 같이 사람들은 마치 어른이 되어야만 하나님을 알 수 있고 하나님을 기쁘게 할 수 있는 것처럼 생각한다. 이러한 경향으로 대부분의 교회들의 교육 프로그램은 성인중심으로 되어 있고 아이들의 교회생활은 행사 위주로 구성되어 있다.

그러나 주님은 "내가 진실로 말하노니 누구든지 하나님의 나라를 어린아이와 같이 받들지 않는 자는 결단코 들어가지 못하리라"(17)하셨다. 이것은 하나님을 향한 믿음의 순수성을 말씀하신 것이다. 어린아이들의 믿음은 어른들과 같이 타산적이지도 않고 배타적이지도 않다. 어린아이에게는 바리새인이나 세리나 구분이 있을 수 없으며 아이들은 가르침을 받는 그대로 하나님을 찬양하고 기뻐한다.

넷째, 재물로 무엇이든지 할 수 있다는 생각
어느날 유대인 청년 관원이 예수님을 찾아와 "선한 선생님이여 내가 무엇을 하여야 영생을 얻으리이까"(18) 물었다. 예수님은 그에게 "네가 오히려 한가지 부족한 것이 있으니 네게 있는 것을 다 팔아 가난한 자들에게 나누어 주라 그리하면 하늘에서 보화가 있으리라 그리고 와서 나를 좇으라"하셨다. 여기서의 핵심은 제자가 되어 나를 따르라는 말씀이다. 그러나 부자 청년은 재물이 많은고로 근심하며 돌아갔다.

주님은 돌아서는 부자 청년을 바라보며 "재물이 있는 자는 하나님의 나라에 들어가기가 어떻게 어려운지 약대가 바늘귀로 들어가는 것이 부자가 하나님 나라에 들어가는 것보다 쉬우니라"(24,25) 하셨다. 여기서 주님은 재물의 속성을 말씀하신 것이다.

그러나 이 말씀을 들은 제자들은 "그런즉 누가 구원을 얻을 수 있나이까?" 의아해했다. 이에 주님은 제자들에게 "무릇 사람의 할 수 없는 것을 하나님은 하실 수 있느니라"(27) 말씀하셨다. 이와 같이 날이 갈수록 세상은 물질주의가 팽배해져 사람들은 돈이면 무엇이든지 할 수 있다는 생각에 사로잡혀 재물의 노예가 되어간다.

다섯째, 자신은 영적으로 깨어 있다고 자부하는 생각
예수께서 예루살렘에 가까이 오자 "보라 우리가 예루살렘에 올라가

노니 선지자들로 기록된 모든 것이 인자에게 응하리라 인자가 이방인들에게 넘기워 희롱을 받고 능욕을 받고 침 뱉음을 받겠으며 저희는 채찍질하고 죽일 것이니 저는 삼 일 만에 살아 나리라"(31-33)하셨다. 이 말씀은 구약의 시편과 이사야서에 기록된 말씀을 인용하신 것이다.

그러나 흥미롭게도 누가는 "제자들이 이것을 하나도 깨닫지 못하였으니 그 말씀이 감추었으므로 저희가 그 이르신 바를 알지 못하였더라"(34)고 주석을 달았다. 참으로 안타까운 일이 아닐 수 없다. 그리스도의 고난이 눈 앞에 닥쳐왔는데도 제자들은 그 일을 알리는 말씀을 이해하지 못하였으니 말이다. 이와 같이 오늘날 많은 사람들이 자신의 믿음을 자랑하면서도 그 믿음이 말씀과 조화를 이루지 못하고 있다.

[기도] 사랑하는 하나님, 주님은 우리의 퇴색한 믿음생활을 일일이 지적하셨습니다. 오늘의 말씀을 가슴에 새기고 온전한 그리스도인의 삶을 살아갈 수 있도록 의의 길로 인도하여 주시옵소서. 예수님 이름으로 기도드립니다. 아멘.

[핵심연구]
1. 나의 잘못된 믿음생활은 무엇인지 점검하라.
2. 부자 청년이 영생의 답을 얻고도 돌아 선 이유는 무엇인가?
3. 제자들은 왜 계시의 말씀을 이해하지 못하였는가?

무엇을 해 주기를 원하느냐?

(누가복음 18:41) 네게 무엇을 해 주기를 원하느냐 주여 보기를 원하나이다

제자들과 함께 예루살렘을 향해 갈릴리를 출발하신 예수님은 사마리아를 지나 유대에서 가장 낮은 지역 여리고에 오셨다. 지형적으로 예루살렘은 해발 700미터가 높고 여리고는 240미터가 낮은 곳이다.

가장 높은 도성을 향해 가시면서 가장 낮은 곳으로 내려오신 것이다. 이제 여리고를 지나 이스라엘의 도성인 예루살렘에 올라가면 이방인의 손에 넘겨져 예비된 십자가 고난을 받으시게 된다. 죽음의 시간이 서서히 드리워지고 있는 순간이다.

예수님의 일행이 여리고에 가까이 이르자 길에서 구걸하던 소경 바디메오가 예수께 몰려가는 무리에게 누가 지나가냐고 물었다. 사람들이 "나사렛 예수"라 하니 소경 바디메오는 군중들에게 둘러 싸인 예수님을 향하여 "다윗의 자손 예수여 나를 불쌍히 여기소서"(39) 외쳤다. 이에 사람들은 소리 지르지 말라고 꾸짖었지만 그는 더욱 소리 높여 외쳤다. 이에 걸음을 멈추고 주께서 그를 데려오라 명하셨다.

주님은 바디메오에게 "네게 무엇을 하여 주기를 원하느냐"(41) 물으

셨다. 참으로 민망한 말씀이 아닐 수 없다. 그가 소경인 것을 아시는 주께서 무엇을 하여 주기를 원하느냐 물으셨기 때문이다.

주님의 물음에 소경 바디메오는 두가지를 고민할 수 있다. 눈을 뜰 것인가, 아니면 재물인가, 보편적으로 소경이 눈을 뜬다는 소망을 갖지 않는다.

그러나 주님의 물음에 바디메오는 "주여 보기를 원하나이다"라고 대답하였다. 소경이 보기를 원한다는 것은 너무나도 당연한 일이지만 예수님은 그에게 "보아라 네 믿음이 너를 구원하였느니라"(42) 칭찬하셨다.

오늘 우리는 주님의 답변 속에서 매우 중요한 사실을 발견하게 된다. 주께서 소경 바디메오의 믿음을 칭찬하셨기 때문이다. 과연 앞 못 보는 거지 소경이 어떤 믿음을 가졌던 것일까?

그에 대한 답은 그의 외침에서 알 수 있다. 그는 나사렛 예수께서 지나신다는 말을 듣고 "다윗의 자손 예수여 나를 불쌍히 여기소서"(39) 외쳤기 때문이다.

여기서 "다윗의 자손"이란 다윗의 족보를 말한 것이 아니라 선지자들이 말한 바 "다윗의 씨"로 오시기로 언약된 메시아를 칭한다. 그러므로 그가 다윗의 자손이라고 큰 소리로 외친 것은 이미 나사렛 사람 예수께서 하나님의 아들 메시아인 것을 알고 믿고 있었던 것이다.

그 당시 유대인들은 나사렛에서 선한 것이 날 수 없다고 믿었고, 예수님을 귀신의 왕 바알세불이라고 칭하였던 때이다. 그러나 바디메오는 거지이며 소경임에도 나사렛 예수께서 성경에 언약된 다윗의 자손 메시아이심을 굳게 믿고 있었던 것이다.

더욱이 그는 예수께 "주여 보기를 원합니다" 청하였다. 앞에서 언급된 율법에 능한 부자 청년은 예수께 영생을 구하면서도 "선한 선생님"이라 부른 것과 얼마나 큰 대조인가? 바디메오는 하나님의 아들 예수 그리스도를 이미 자기의 주인으로 영접했던 것이다.

과연 그는 무엇을 보기를 원했던 것일까? 메시아의 얼굴일까? 물론 당연한 이야기이다. 그러나 그에게는 더 큰 소망이 있었다. 소경으로 살아 온 그에게 이 세상은 아무런 소망이 없었기 때문에 그는 "메시아되신 예수님을 보기를 원합니다" 고백한 것이다.

누가는 "그가 곧 보게 되어 하나님께 영광을 돌리며 예수를 좇았다"(43)고 기록하였다. 여기서 바디메오가 예수를 좇았다는 말은 그리스도의 제자가 되었다는 뜻이다.

이와 같이 바디메오는 비록 앞 못보는 거지였으나 하늘에 소망을 두고 있었던 것이다. 바디메오는 디메오의 아들로서 디메오는 '명예'라는 뜻이다. 그러므로 바디메오는 비록 소경의 아들로 태어났지만 하늘의 영광에 이르는 최고의 명예를 찾은 것이다.

오늘 이 종말의 날에 주께서 눈 뜬 당신에게 "네게 무엇을 해 주기를 원하느냐?" 물으신다면 당신은 무엇을 달라고 할 것인가? 강남의 고급 아파트 한 채만 달라고 할 것인가? 아름다운 여자를 달라고할 것인가? 어쩌면 분당에 대형교회를 하나 지어 달라고 할지 모르겠다.

아서라 차라리 네 눈이 멀었으면 좋았을 것이다. 인생이 일장춘몽이거늘 네가 정녕 눈 뜬 장님이 아니더냐? 세상의 것을 다 갖는다고 네 영혼의 소망이 성취될 수 있다더냐? 아서라 이 사람아, 네가 무엇을 원하든지 세상에 소경된 나는 오늘도 주를 보기를 원하노라.

[기도] 사랑하는 예수님! 세상의 것으로 눈이 먼 죄인으로 주를 보게 하심을 감사합니다. 주께서 나를 불쌍히 여겨 주를 보게 하셨으니 나로 눈먼 자들을 진리의 길로 인도하게 하소서. 예수님의 이름으로 기도합니다. 아멘.

[핵심연구]
1. 예루살렘과 여리고의 지형적 높이는 무엇을 연상케 하는가?
2. 다윗의 자손이란 무엇을 뜻하는가?
3. 예루살렘과 여리고 사람들의 영적 상황은 우리에게 무엇을 제시하는가?
4. 바디메오의 이름의 뜻은 무엇인가?
5. 당신은 과연 무엇을 보기를 원하는가?

주께서 쓰시겠다!

(누가복음 19:32-34) 보내심을 받은 자들이 가서 그 말씀하신 대로 만난지라 나귀새끼를 풀 때에 그 임자들이 이르되 어찌하여 나귀새끼를 푸느냐 대답하되 주께서 쓰시겠다 하고

"주께서 쓰시겠다"는 성구는 오늘날 교회 관련 여러 곳에서 사용되고 있다. 성전 건축을 준비하는 교회의 표어로도 사용하고 개척교회를 준비하는 목사들도 자주 사용하는 구절이기도 하다. 어찌 되었건 주가 쓰시겠다는 것은 좋은 일이 아닐까 싶지만 진정 하나님께서 쓰실 것인지는 의문이다.

여러분은 주일마다 헌금 봉투에 기록된 "너희의 헤아리는 그 헤아림으로 헤아림을 받을 것이요 또 더 받으려니 있는 자는 받을 것이요 없는 자는 그 있는 것까지 빼앗기리라"(막4:24,25)는 말씀을 보게 될 것이다. 전체 문맥을 따라 살필 때 이 말씀은 성경 말씀을 살피는 것과 관련된 것이기 헌금과 관련된 말씀은 아니다.

오늘 예수께서 제자들을 보내며 "주가 쓰시겠다"하신 말씀은 이 땅의 왕 되신 아들 예수 그리스도의 예루살렘 입성을 성취하기 위해 선지자 스가랴로 미리하신 말씀이다. 예수께서 친히 실행하기 전까지는 이 말씀은 예언의 말씀이다. 이 말씀은 예수 그리스도께서 친히 성취하실 계시이기 때문이다.

오늘날 우리는 이미 이 말씀이 성취된 시대에 살고 있다. 따라서 주께서 다시 나귀를 타고 오실 일은 없을 것이다. 그러나 "주가 쓰시겠다"하신 말씀은 아직 우리 가운데 살아 있다.

그러므로 성경의 "주가 쓰시겠다"하신 말씀은 구약의 성도들에게는 관찰의 단계였으며, 예수 그리스도의 때의 사람들에게는 해석의 단계이며, 오늘날 우리에게 있어서는 적용의 단계에 속한다.

따라서 우리가 이 말씀을 우리 믿음생활에 온전히 적용하기 위해서는 성경의 말씀을 깊이 관찰하고 성경적 해석에 따른 합당한 열매를 맺어야 할 것이다.

이 말씀을 성경에서 관찰해 보건대 구약의 스가랴서에 "시온의 딸아 크게 기뻐할지어다 예루살렘의 딸아 즐거이 부를지어다 보라 네 왕이 네게 임하나니 그는 공의로우며 구원을 베풀며 겸손하여서 나귀를 타나니 나귀의 작은 것 곧 나귀새끼니라"(슥 9:9) 기록되었다.

흥미롭게도 스가랴 선지자는 시온의 딸과 예루살렘의 딸을 초청하였는데, 여기서 딸들은 이제 곧 하나님의 아들 그리스도의 신부가 될 교회를 칭한다. 다시 말하여 하나님의 아들 거룩한 자, 예수 그리스도를 믿는 성도들이다.

그런데 우리가 이해할 수 없는 것은 만왕의 왕께서 짐싣는 나귀를 타고 오신다는 말씀이다. 나귀는 사람이 타는 것이 아니라 짐을 싣는 가축이기 때문이다.

나는 이 말씀을 묵상하며 죄의 짐을 지우기 위하여 세상에 매여 있었던 지난날을 생각하게 된다. 나는 짐승보다도 못하여 그 누구도 쳐다보지 않았으며 감당할 수 없는 육체의 죄를 지고 살았다. 그런데 구원자 예수께서 친히 죄에 매여 있는 나를 푸시며 "주가 쓰시겠다" 하셨기 때문이다. 그러므로 나는 오늘도 "호산나 주의 이름으로 오시는 이를 찬송하리라" 노래한다.

오늘 우리는 주께서 오실 날이 가까운 때에 살고 있다. 그러므로 이제 우리가 세상에 묶여 있는 나귀들을 풀어 나갈 차례다. 이제 곧 다시 오실 만왕의 왕 예수께서 하나님의 도성에 입성하실 때 쓰시기 위하여 말이다. 그때 우리는 승리의 깃발을 높이 흔들며 "호산나 주의 이름으로 오시는 이를 찬송하리라" 외칠 것이다. 아멘 아멘!

[기도] 사랑하는 예수님, 사탄에 매여 있는 나를 풀어 주께서 쓰심을 감사드립니다. 또한 이러한 모든 말씀이 우리를 깨우치시기 위한 예언이며 이 말씀이 우리의 삶 가운데 지금도 이루어지고 있음을 감사드립니다. 나로 주께서 쓰시는 나귀가 되게 하소서. 예수님의 이름으로 기도드립니다. 아멘.

[핵심연구]
1. 제자들에게 왜 나귀를 풀어 오라고 하셨는가?
2. 성경은 이 일을 언제 예언하였는가?
3. 당신은 주께서 쓰신 나귀보다 나은가?

왕의 눈물

(누가복음 19:41,42) 가까이 오사 성을 보시고 우시며 가라사대 너도 오늘날 평화에 관한 일을 알았더면 좋을 뻔하였거니와 지금 네 눈에 숨기웠도다

예수님은 제자들과 예루살렘에 오르시면서 자신이 하나님의 아들 그리스도이심을 밝히지 못하게 하셨다. 귀신들린 자들에게도 엄히 꾸짖어 말씀하셨고, 하물며 동생들에게까지 나의 때는 아직 이르지 않았다 말씀하셨다.

그런데 오늘 누가복음 19장에서 예수님은 스스로 자신을 드러내셨다. 그러나 그의 모습은 우리가 보기에도 민망할 정도로 낮고 낮은 자의 모습으로 나귀를 타고 입성하셨다.

더 흥미로운 것은 당신이 타실 나귀를 위해 예수님은 두 제자들을 마을로 보내시며 "사람이 아직 타 보지 않은 나귀가 매여 있으니 풀어 가져오라 하시며 주인이 나귀를 왜 푸느냐 물으면 주께서 쓰시겠다 하라" 하셨다.

이에 제자들이 주께서 가리키신 마을에 들어서니 어린 나귀가 매여 있었고 주인이 남의 나귀를 왜 푸느냐고 물었다. 주께서 제자들에게 이르신 말씀이 그 시에 곧바로 성취된 것이다.

그런데 사실 이 말씀은 이미 구약의 스가랴 선지자가 예언한 말씀이다. 다시 말하면 수세기 전에 성경에 기록된 말씀을 나사렛 예수께서 친히 성취시키신 것이다.

스가랴 선지자는 그리스도의 오심을 예언하여 "시온의 딸들아 크게 기뻐할지어다 예루살렘의 딸아 즐거이 부를지어다 보라 네 왕이 네게 임하나니 그는 공의로우며 구원을 베풀며 겸손하여서 나귀를 타나니 나귀의 작은 것 곧 나귀새끼니라"(슥 9:9) 증거하였다.

그런데 흥미롭게도 예수께서 나귀를 타고 예루살렘에 입성하자, 온 무리가 종려나무 가지를 들고 나와 "찬송하리로다 주의 이름으로 오시는 왕이여 하늘에는 평화요 가장 높은 곳에는 영광이로다"외쳤다. 이 또한 다윗이 주의 이름으로 오시는 그리스도를 찬송한 시편 118편으로 그 시편의 말씀도 그날에 동시에 성취 된 것이다.

또한 오늘 우리는 다니엘서를 통하여 메시아의 예루살렘 입성을 다시 확인할 수 있다. 바벨론에 포로된 다니엘은 노년에 이르러 예레미야가 말한 이스라엘의 칠십년에 대한 말씀을 깨달은 후에 천사로부터 "그러므로 너는 깨달아 알지니라 예루살렘을 중건하라는 영이 날 때부터 기름 부음을 받은 자 곧 왕이 일어나기까지 일곱이레와 육십이 이레가 지날 것이요"(단 9:25) 라는 계시를 받았다.

이는 예수 그리스도께서 예루살렘에 입성하실 날의 계시로서, 여기서 예루살렘을 중건하라는 명이 떨어질 때란 바사 왕 아닥사스다가 느헤미야에게 칙령을 내린 때로서 아닥사스다 20년 니산월이었으므로 이를 역산하면 기원전 445년 3월 14일이 된다. 그때로부터 메시아가 오실 날은 69이레로서, 이를 바벨론력으로 환산하면 483년이 되며 173,880일이 되는데, 그 날이 바로 기원 후 32년 4월 6일로서 예수께서 나귀를 타고 예루살렘으로 입성한 날이다.

그럼에도 유대교 중심세력으로 예루살렘을 관리하는 예배의 구심체였던 종교 지도자들은 이 계시의 말씀을 깨닫지 못하여 오히려 왕의 입성을 영접하는 아이들을 책망하였다. 이에 주님은 "가까이 오사 성을 보시고 우시며 이르시되 너도 오늘날 평화에 관한 일을 알았더면 좋을 뻔하였거니와 지금 네 눈에 숨기웠도다"(41,42) 하셨다. 얼마나 민망하고 안타까운 말씀인가?

오늘 당신은 어떠한가? 성경은 교회와 성도에 관한 모든 것을 다 증거 하였거늘 그 말씀들이 당신의 눈에 숨긴 것은 웬일인가? 그 이유는 당신이 아직 세상에 취하여 예수의 오심을 원치 않기 때문이다. 그러므로 당신은 이제라도 예루살렘을 보시며 우신 예수 그리스도의 눈물을 기억해야 할 것이다!

[기도] 사랑하는 나의 왕 예수님! 주께서 나에게 주의 말씀을 숨기지 않으심을 감사드립니다. 성경의 모든 말씀으로 나를 깨우치시어 이 땅에 곧 오실 왕을 보게 하소서. 예수님 이름으로 기도합니다. 아멘.

[핵심연구]
1. 예수님은 왜 우셨을까?
2. 평화에 관한 일이란 무엇을 말씀하신 것인가?
3. 오늘날 당신에 눈에 숨기운 것이 무엇인가?

The Day of Questions

(누가복음 20:43) 내가 네 원수를 네 발의 발등상으로 둘 때까지 내 우편에 앉았으라 하셨도다 하였느니라

예수께서 성전에서 가르치실 때에 대제사장들과 서기관들과 장로들이 함께 나아와 몇 가지 질문들을 하였는데 신학적으로 매우 중요한 질문들과 답변들로 구성되어 있다. 이에 성경학자들은 이 문답들을 가리켜 'The Day of Questions'라고 칭하였다.

첫 번째 질문자들은 예수께 "당신이 무슨 권위로 이런 일을 하는지 이 권위를 준 이가 누구인지 우리에게 말하라"(눅20:2) 재촉하였다. 이에 주님은 역으로 "요한의 세례가 하늘로부터냐 사람으로부터냐"(4) 물으셨다. 그들이 다른 의중을 갖고 질문을 하였듯이 예수께서도 그들이 능히 답변하지 못할 영적인 질문을 하신 것이다.

그들은 요한의 세례가 하늘로부터라고 하면, 너희는 왜 믿지 않느냐 할 것이고, 사람으로부터라고 하면 백성들이 세례 요한을 선지자로 알기 때문에 돌로 칠 것을 생각하고 결국 "우리도 어디로부터인지 알지 못하노라" 답하였다. 이에 예수님도 "나도 무슨 권위로 이런 일을 하는지 너희에게 말하지 않겠다"(8) 답하셨다.

이 말씀 후에 예수님은 포도원 주인과 농부의 비유를 들어 이르시되,

'포도원 주인이 때가 되어 소출의 얼마를 받으러 보낸 첫 번째, 두 번째, 세 번째 종들을 몹시 때리고 능욕하여 빈손으로 내쫓으므로 내 사랑하는 아들을 보내면 저들이 존대하리라 생각하였더니, 저들이 이는 상속자이니 죽이고 그 유산을 우리의 것으로 만들자 하고 포도원 밖에 내쫓아 죽였으니, 이제 포도원 주인이 어떻게 하겠느냐. 농부를 진멸하고 포도원을 다른 사람에게 줄 것이다' 하셨다. 이 말을 들은 사람들은 한결같이 '그렇게 되지 말아야 합니다'고 답하였다.

이 말씀과 함께 예수님은 "그러면 건축자들이 버린 돌이 모퉁이의 머릿돌이 되었느니라 함은 어찜이냐 무릇 이 돌 위에 떨어지는 자는 깨어지겠고 이 돌이 사람 위에 떨어지면 저를 가루로 만들어 흩으리라 하시니라"(17,18) 말씀하셨다. 이 말씀은 곧 버리심을 당하신 예수 그리스도께서 교회의 머리돌이 되신 '그리스도론'의 토대이다.

바리새인들의 두 번째 질문은 "우리가 가이사에게 세를 바치는 것이 옳습니까 옳지 않습니까?"(22)였다. 사실 그들이 이렇게 질문한 것은 세를 가이사에게 바치라 하면 백성들이 들고 일어날 것이고, 바치지 말라고 하면 로마법에 위배되므로 예수님을 책잡고자 한 것이다.

이에 예수님은 그들의 간계를 아시고 "데나리온 하나를 내게 보이라 누구의 형상과 글이냐" 물으시니, 그들이 '가이사의 것입니다' 답하자, 주께서 "그런즉 가이사의 것은 가이사에게, 하나님의 것은 하나님께 바치라"(25) 답하셨다. 이는 세상의 나라와 그리스도의 나라는 다르다는 말씀으로 이것이 곧 '교회론'의 핵심이다.

세 번째 질문자는 사두개인이었다. 그들이 주께 나아와 '일곱 형제 중 맏이가 후사를 얻지 못하고 죽자, 나머지 여섯 형제들이 그의 후사를 얻고자 맏형의 아내를 두루 취했으나 그들도 모두 후사를 얻지 못하였다면 부활의 날에 이 여인은 누구의 아내가 되겠느냐'고 물었다.

이에 주님은 "이 세상의 자녀들은 장가도 가고 시집도 가되 저 세상과 및 죽은 자 가운데서 부활함을 얻기에 합당히 여김을 입은 자들은 장가가고 시집가는 일이 없으며 저희는 다시 죽을 수도 없나니 이는 천사와 동등이요 부활의 자녀로서 하나님의 자녀임이니라"(34-36) 하셨다. 여기서 주님은 의인의 영생과 '부활론'을 말씀하신 것이다.

끝으로 주님은 제자들을 향하여, "긴 옷을 입고 다니는 것을 원하며 시장에서 문안 받는 것과 회당의 상좌와 잔치의 상석을 좋아하는 서기관들을 삼가라 저희는 과부의 가산을 삼키며 외식으로 길게 기도하니 그 받는 판결이 더욱 중하리라 하시니라"(46,47) 말씀하셨다. 이것은 곧 복음의 나라의 주역들이 될 그리스도의 '제자론'을 말씀하신 것이다.

[기도] 하늘과 땅의 주인이며, 우리의 왕이신 예수님, 우리는 아직도 예수 그리스도를 대적하는 무리들을 보고 있습니다. 그러나 주께서 하신 말씀대로 이루어질 것을 우리가 믿사오니 주님 속히 오시옵소서. 마라나타! 아멘.

[핵심연구]
1. "건축자들이 버린 머릿돌"은 무엇을 비유한 것인가?
2. "이 돌 위에 떨어지는 자는 깨어지겠고"라는 말씀은 무슨 뜻인가?
3. "아브라함의 하나님 이삭의 하나님 야곱의 하나님"을 설명하라.

너희는 스스로 조심하라

(누가복음 21:34) 너희는 스스로 조심하라 그렇지 않으면 방탕함과 술취함과 생활의 염려로 마음이 둔하여지고 뜻밖에 그날이 덫과 같이 너희에게 임하리라

누가복음 21장은 예수 그리스도의 재림을 고대하는 우리에게 매우 중요한 메시지 중의 하나다. 따라서 오늘의 메시지를 살피는 우리의 눈은 어느 작은 것 하나도 소홀히 하지 말고 전체적인 균형을 잃지 말아야 할 것이다.

오늘의 메시지는 내용별로 볼 때 크게 두 단락으로 나눌 수 있다. 먼저 1절부터 4절까지는 그 당시 실제의 일이고, 5절부터 33절까지는 모두 예수 그리스도의 십자가 사건 이후 장차 이스라엘과 이 세상에서 펼쳐질 계시의 말씀이다.

주님은 제자들에게 세상 끝날에 있을 징조들을 말씀하신 후 "너희는 스스로 조심하라 그렇지 않으면 방탕함과 술취함과 생활의 염려로 마음이 둔하여지고 뜻밖에 그 날이 덫과 같이 너희에게 임하리라"(34) 경고하셨다.

이 말씀은 종말의 날에 나타날 교회의 풍조를 은연 중 암시하신 것으로, 이미 우리는 방탕과 술취함과 생활의 염려로 마음이 둔하여진

시대를 살고 있다. 그러므로 주님은 제자들에게 "너희는 장차 올 이 모든 일을 능히 피하고 인자 앞에 서도록 항상 기도하며 깨어 있으라"(36) 당부하셨다.

흥미롭게도 신약성경에는 "너희는 스스로 조심하라"는 말씀이 네 번이나 언급되었다. 이 모두가 그리스도의 날을 사모하며 종말의 세상을 살아가야 하는 우리 성도 모두에게 주시는 경고의 메시지이다.

먼저 예수님은 제자들에게 "너희가 무엇을 듣는가 스스로 삼가라 너희의 헤아리는 그 헤아림으로 너희가 헤아림을 받을 것이요 또 더 받으리니"(막 4:24)라고 경고하셨다. 이 말씀은 예수 그리스도의 제자들은 오직 성경에 기록된 말씀에 올인 하여야 할 것을 당부하신 것이다. 그들은 복음을 수호하는 진리의 등불이기 때문이다. 따라서 이 말씀을 대하는 목사들은 스스로 자신은 어떠한가를 생각해야 할 것이다.

또한 주님은 "너희는 스스로 조심하라 사람들이 너희를 공회에 넘겨주겠고 너희를 회당에서 매질하겠으며 나를 인하여 너희가 관장들과 임금들 앞에 서리니 이는 저희에게 증거되려 함이라"(막13:9) 하셨다. 이는 어떤 상황과 환난 중에도 자기 위치를 지켜야 할 제자들의 굳건한 믿음을 요구하신 것이다. 제자들은 복음의 증인으로 그리스도와 함께 고난을 받아야 하기 때문이다.

또한 주님은 "너희는 스스로 조심하라 만일 네 형제가 죄를 범하거든 경계하고 회개하거든 용서하라"(눅17:3) 말씀하셨다. 이는 거룩한 성도의 삶을 위하여 죄를 책망하고 회개에 이르게 하며, 서로의 잘못을 용서하는 예수 그리스도의 사랑을 실천하므로 실족치 않게 하기 위한 복음적 명령이다.

그러므로 사랑하는 하나님의 거룩한 자녀들아 이제 우리는 더욱더 스스로 조심하자. 이제 세상의 방탕함과 술취함을 멈추고 서로 권면하여 진리의 길로 달려 나아가자. 우리의 방탕은 지난 날로 족하다.

주께서 환난의 날은 온 지구상에 거하는 모든 사람에게 임하리라 하셨으니, 그날이 가까워질수록, 세상이 어두워질수록 우리는 진리의 등불을 굳건히 지켜야 할 것이다. 이는 우리의 구원이 처음 믿을 때보다 가까웠기 때문이다.

[기도] 사랑하는 예수님, 우리는 실로 주님 오시기 가까운 때를 살고 있습니다. 방탕과 술취함과 세상 염려로 평안할 날이 없습니다. 오직 우리는 주께서 주신 진리의 말씀 안에서 평안을 누릴 것이오니 주님 우리를 지켜 주소서. 예수님의 이름으로 기도합니다. 아멘.

[핵심연구]
1. 스스로 조심하라는 말씀은 무엇을 뜻한 것인가?
2. 오늘 우리의 믿음을 상실케 하는 것들은 무엇인가?
3. 오늘 나는 무엇을 스스로 조심해야 할 것인가?
4. "너희는 스스로 조심하라"하신 말씀들을 묵상하라.

닭은 아침마다 운다

(누가복음 22:31,32) 시몬아, 시몬아, 보라 사단이 밀 까부르듯 하려고 너희를 청구하였으나 그러나 내가 너를 위하여 네 믿음이 떨어지지 않기를 기도하였노니 너는 돌이킨 후에 네 형제를 굳게 하라

예수님은 마지막 유월절을 제자들과 보내시고 겟세마네 동산에 이르러 하나님께 간절히 기도하실 때, 멀리 떨어져 있던 제자들이 슬픔에 빠져 잠든것을 보시고 "어찌하여 자느냐 시험에 들지 않게 일어나 기도하라"(46) 안타까워 하셨다.

그때, 열둘 중의 하나인 가룟 유다가 예수를 잡으려는 무리들을 데리고 예수께 다가와 입 맞추려고 하자 예수께서 "유다야 네가 입맞춤으로 인자를 파느냐"하셨다.

이때 베드로가 예수를 잡으러 온 대제사장의 종의 귀를 칼로 쳐서 떨어뜨렸다. 이에 예수님은 "이것까지 참으라" 책망하셨다. 여기서 사용된 '참으라'는 헬라어 '에아오'는 '용납하라'는 뜻이다. 이는 모든 것이 하나님의 뜻이고 또 예수께서 스스로 그 뜻을 따른 것이므로 그들을 용납해야 한다는 말씀이다.

결국 그들은 예수를 잡아 대제사장의 집으로 들어갔다. 이에 베드로도 멀찍이 따라가 사람들이 불을 쪼이고 있는 뜰로 들어가 앉았다.

그 때 여종 하나가 '이 사람도 그와 함께 있었다' 말하니 베드로가 '나는 저를 알지 못한다' 부인하였다.

조금 후 다른 사람이 베드로를 보고 '너도 그 당이다' 말하니 베드로가 '이 사람아 나는 아니다!' 부인하였다. 또 한 사람이 '너는 갈릴리 사람이니 참으로 그와 함께 있었다' 말하자 베드로는 거듭 '이 사람아 나는 네가 하는 말을 알지 못하겠다!' 부인하였다. 마태는 베드로가 저주하며 맹세하여 부인하였다고 기록하였다. 공교롭게도 그때에 닭이 울었다. 참으로 얼마나 황망한 순간이었겠는가?

흥미로운 것은 사람들은 그 어떤 상황에 이르러서야 자신의 잘못을 스스로 깨닫게 된다는 것이다. 자신이 잘못하고 있음을 알면서도 죄를 부인하는 습관이 몸에 배었기 때문이다.

다윗은 밧세바를 범하고도 그 죄를 숨기고자 그녀의 남편 우리야를 죽게 하였다. 성령이 충만한 다윗이 자신의 행동이 죄인 것을 모르지 않았을 것이다. 그럼에도 다윗은 선지자 나단이 그의 죄를 깨우치기까지 부끄러워하지 않았다. 이와 같이 죄의 습관은 항상 자기중심적인 관점에 있어 스스로 부끄러움을 감추고자 한다.

바울은 "내가 자책할 아무것도 깨닫지 못하나 그러나 이를 인하여 의롭다 함을 얻지 못하노라 다만 나를 판단하실 이는 주시니라"(고전4:4) 증거하였고, 다시 "각각 자기의 일을 살피라 그리하면 자랑할 것이 자기에게만 있고 남에게는 있지 아니하리라"(갈6:4) 경고하였다.

이와 같이 우리는 자신에 대한 그 모든 것을 스스로 결정하고 선택할 수 있으나 그에 대한 판결은 하나님의 뜻대로 될 것이다. 그러므로 그리스도의 영광에 참여하기 위해 부름을 받은 우리는 삶 가운데서 닭이 울 때마다 돌이켜 회개하여야 할 것이다.

나는 하나님의 말씀을 공부하면서도 현실 속에서 내가 범하는 죄에 대하여 둔감해질 때가 있다. 목사로서 하지 못할 언행을 하고도 천연덕스러울 때가 있다. 그러던 어느 날 TV 드라마를 보다가 나의 수치를 발견하고 회개할 때도 있다. 이와 같이 지금도 주를 믿는 우리에게도 닭은 울고 있는 것이다.

[기도] 사랑하는 나의 주 예수님! 세속된 우리를 주의 자녀로 삼아 주신 것을 감사드립니다. 또한 우리로 주의 말씀을 통하여 날마다 새롭게 깨어나게 하심을 감사드립니다. 우리의 심령이 주를 떠나지 않게 하옵소서. 예수님의 이름으로 기도드립니다. 아멘.

[핵심연구]
1. 사탄이 우리를 청구하는 것은 무엇일까?
2. 주님은 왜 우리를 위하여 기도하시는가?
3. 요한1서 2장 1절의 말씀을 묵상하라.
4. 당신에게도 닭이 울고 있는가?

전대와 검을 가지라

(누가복음 22:36) 이르시되 이제는 전대 있는 자는 가질 것이요 주머니도 그리하고 검 없는 자는 겉옷을 팔아 살지어다

한 해가 저물고 있다. 이 즈음이면 내 영은 침묵으로 일관한다. 세상은 온통 축제 분위기로 몰고 가는데 내 영은 왜 이리 민망해지는 것인지 내 마음을 나도 알 수 없다.

그렇다고 새해를 시작하며 어떤 특별한 꿈을 꾸어 온 것도 아니다. 다만 주께서 허락하신 일들을 하고자 하는 아주 작은 소망이 있을 뿐이다. 그런데 정작 또 한 해를 마무리하고자 하니 허송 세월로 보낸 지나간 시간들이 이렇게 허망할 수가 없다.

그럼에도 나이가 들수록 새해를 맞는 내 마음은 많이 바빠진다. 이것도 해야겠고 저것도 해야겠고, 장가들 과년한 아들딸들을 보는 마음은 차라리 사치일 것이다. 칠십을 넘은 나이에 내가 해야 할 것은, 늦둥이 아들에게 젖을 넉넉히 먹여야 하는 일들과 젖을 뗀 아이들이 마음껏 뛰어놀 복음의 마당을 준비하는 일이다.

세월이 세월인지라 그동안 창세기부터 계시록에 이르기까지 창고에 쌓아 둔 작은 열매들이 숙성하기 위해서는 은혜와 사랑으로 경륜을 쌓아야 한다. 마음은 조급하지만 갈급한 심령들에게 맛깔스러운 식

탁을 내어 놓기 위해서는 때를 기다려야 한다.

이제 나는 두 가지 소망을 가져본다. 하나는 이제 복음의 일꾼들을 양성하기 위해 한국에 갈보리채플 성경대학을 우뚝 세우는 일이요 또다른 하나는 창고에 쌓아 둔 복음의 양식들을 세상에 내어보내기 위해 복음서적을 출판 하는 것이다.

옛날 같으면 되든 아니 되든 밑져야 본전이니 한 번 해보기나 하자 하고 덤볐을지도 모른다. 그러나 이 나이에서는 모험이란 있을 수 없다. 자칫 발을 헛딛는 날이면 함께한 거대한 소망들이 단 한 번에 침몰할 수밖에 없기 때문이다.

이 일들은 한국에서 갈보리채플의 백년대계를 이어나갈 초석이다. 언젠가 젖을 떼고 나와 함께 먼 길을 떠나야 할 아들들에게 진리의 허리띠이며, 구원의 투구이며, 평안의 신발이며, 세상을 이기는 말씀의 검이다.

오늘 주님은 제자들에게 "내가 너희를 전대와 주머니와 신도 없이 보내었을 때에 부족한 것이 있더냐"(35) 물으셨다. 그 말씀은 나에게도 이루어져 갈보리채플 목회 28년의 세월 동안 살아 가는데 아무 부족함이 없었다.

그러나 이제 주님은 "이제는 전대 있는 자는 가질 것이요 주머니도 그리하고 검 없는 자는 겉옷을 팔아 살지어다"(눅 22:35,36) 명령하셨다. 이 말씀은 다시 세상 사람들처럼 아귀다툼을 하며 살아가라는 말씀인지 이해하기 어려운 말씀이다. 그러나 이 말씀은 모든 시험에서 이긴 제자들에게 주신 세상을 이기는 지혜이며 권세이다.

오늘 우리에게 있어 전대는 재물을 모으기 위한 전대가 아니며, 검 또한 세상과 싸우기 위한 것이 아니다. 우리에게 주신 모든 것은 오직 그리스도의 나라를 위해 합력하여 선을 이루실 하나님의 능력의 도구이다.

나는 오늘 이 말씀을 보며 상수리나무 앞에 앉아 기도하던 아브라함을 생각한다. 그리고 이제 내 앞을 지나갈 하나님의 사람을 기다린다. 주께서 우리 앞을 지날 때에 이로써 우리는 하나님의 계획하신 일들에 동참하게 될 것이다(창세기 18장 참조). 아멘 아멘!

[기도] 사랑하는 주님, 12여 년 전에 기록했던 글들을 이제야 요약해서 정리합니다. 세상이 빠르고 험하오니 부족한 자의 은혜를 누가 얻기를 바라겠습니까마는 그래도 주께서 준비하신 자가 있다면 그의 심령을 깨우치는 증언이 되게 하옵소서. 예수님의 이름으로 기도합니다. 아멘.

[핵심연구]
1. 오늘날 당신은 왜 전대를 준비해야 하는가?
2. 당신의 검은 무엇이며, 왜 필요한가?

누구를 위해 우는가?

(누가복음 23:28) 예수께서 돌이켜 그들을 향하여 가라사대 예루살렘의 딸들아 나를 위하여 울지 말고 너희와 너희 자녀를 위하여 울라

예수님은 십자가의 고난에 동참하여 가슴을 치며 슬피 우는 여자의 큰 무리를 보시며 "예루살렘의 딸들아 나를 위하여 울지 말고 너희와 너희 자녀를 위하여 울라"(28) 하셨다. 여기서 우리는 '예루살렘의 딸들'이란 호칭에 주목할 필요가 있다.

오늘 이 말씀은 스가랴 선지자로 "시온의 딸아 크게 기뻐할지어다 예루살렘의 딸아 즐거이 부를지어다 보라 네 왕이 네게 임하나니 그는 공의로우며 구원을 베풀며 겸손하여서 나귀를 타나니 나귀의 작은 것 곧 나귀새끼니라"(슥 9:9)에서 인용된 말씀이다. 그러나 이 말씀은 우리 교회를 향하신 말씀이기도 하다.

또한 예수님은 "그때에 사람이 산들에 대하여 우리 위에 무너지라 하며 작은 산들에 대하여 우리를 덮으라 하리라"(30) 하셨다. 흥미롭게도 이 말씀은 호세아를 통해 "이스라엘의 죄 된 아웬의 산당은 패괴되어 가시와 찔레가 그 단 위에 날 것이니 그 때에 저희가 산더러 우리를 가리우라 할 것이요 작은 산더러 우리 위에 무너지라 하리라"(호 10:8) 예언하신 말씀이다.

호세아는 10장 서두에서 "이스라엘은 열매 맺는 무성한 포도나무라 그 열매가 많을수록 제단을 많게 하며 그 땅이 아름다울수록 주상을 아름답게 하도다"(호 10:1) 증거하였다.

여기서 말한 '열매맺는 무성한 포도나무'는 말할 것도 없이 종교적 열매를 많이 맺는 이스라엘을 풍자한 것이다. 또한 예수님과 그의 몸인 우리 교회들을 뜻한다(요15장 참조).

호세아는 "열매가 많을수록 제단을 많게 하며 그 땅이 아름다울수록 주상을 아름답게 하도다" 책망하였다. 이는 로마서에 언급된 로마교회의 딜레마이기도 하다. 다시 말하여 오늘날 수많은 교회들이 교회성장에만 급급하여 하나님의 뜻대로 하심을 얻지 못하는 상황과도 같다고 하겠다.

오늘 주님은 십자가를 목전에 두고 "산들에 대하여 우리 위에 무너지라 하며 작은 산들에 대하여도 우리를 덮으라 하리라 푸른 나무에도 이같이 하거든 마른 나무에는 어떻게 되리요 하시니라"(30,31) 하셨다.

이는 마음이 완악하여 회개치 않는 유대인들을 책망하신 것이지만 실상은 장차 예루살렘의 딸들 곧 이방에 펼쳐질 세속화된 교회를 두고 하신 말씀이다. 바로 종말의 때의 우리들을 향한 말씀이다. 그러므로 바울은 스스로 자긍하는 교회들을 향하여 "하나님이 원 가지들도 아끼지 아니하셨은즉 너도 아끼지 아니하시리라"(롬 11:21) 경고하였다.

최근 우리나라 정세와 맞물려 한국교회들이 태극기를 들고 거리로 나가 울부짖고 있다. 과연 그들은 누구를 위하여 울고 있는 것일까? 그들은 얼마 전까지 동성애로부터 나라를 지켜야한다고 울부짖더니 이제는 좌파정치로부터 나라를 지켜야 한다고 한다. 이와 같이 이 땅에 교회가 세워진 이래 교회는 정치에 휘말리고 정권을 잡은 자들의 시녀가 되기 일쑤였다.

그러나 복음을 맡은 그리스도의 종들은 오직 주의 말씀을 따라 죽기까지 순종했다. 성경은 "이런 사람은 세상이 감당하지 못하느니라 그들이 광야와 산과 동굴과 토굴에 유리하였느니라"(히 11:38) 증거하였다.

그러므로 이제 우리 교회는 주께서 "너희와 너희 자녀를 위하여 울라" 하신 말씀을 기억하고 나는 누구를 위하여 울 것인가를 깊이 생각해야 할 것이다.

[기도] 사랑하는 주님! 아직도 깨우치지 못하는 교회들을 깨뜨리소서. 자녀들은 방탕과 술취함으로 빠져들고 있는데 교회들은 자기의 것을 세우려 혈안이 되어 있습니다. 주님이 오시기 가까웠으니 이제 준비하신 돌들로 저들을 깨뜨리시옵소서. 예수님의 이름으로 기도합니다. 아멘.

[핵심연구]
1. 예루살렘의 딸들은 누구를 가리키는가?
2. 이제 당신은 누구를 위해 울어야 하는가?
3. 스가랴서 9장 9절 말씀에서 복음 사역자가 배워야 할 것은 무엇인가?

성경을 풀어주실 때에

(누가복음 24:32) 저희가 서로 말하되 길에서 우리에게 말씀하시고 우리에게 성경을 풀어 주실 때에 우리 속에서 마음이 뜨겁지 아니하더냐 하고

누가복음에는 다른 복음에서 언급되지 않은 부활하신 예수님의 행적들이 기록되었다. 곧 70인 제자(10장), 부자와 나사로의 비유(16장), 삭개오의 회심(19장) 그리고 오늘 우리가 살펴 볼 엠마오로 길 떠난 두 제자의 회심의 스토리는 누가복음에서만 볼 수 있는 백미 중의 하나이다.

누가복음 24장 13절부터는 아주 흥미로운 내용이 기록되었다. 바로 엠마오로 길을 떠나던 글로바와 또 다른 제자의 이야기이다. 이들은 예루살렘에 있었고 예수님의 십자가에 못박힘을 목격하였던 자들로서, 천사들이 나타나 예수님께서 살아나셨다고 전하는 이들의 말을 사도들과 함께 들었던 제자들이다.

엠마오는 온천이란 뜻으로 예루살렘 북쪽으로 11km떨어진 도시이다. 어쩌면 그들은 그동안 그리스도를 따르던 3년의 생활을 정리하고 새로운 인생을 준비하기 위해 온천에 가서 휴양할 생각이었는지도 모른다. 본문에 의하면 그들은 그 날의 일들을 이야기하면서 매우 슬퍼하고 있었고, 이 때 예수께서 다른 모습으로 그들과 동행하셨다.

오늘 이 글을 읽는 우리를 흥미롭게 하는 것은 부활하신 예수께서 다른 제자들을 제쳐 놓고 자기 살길을 찾아 나서는 제자들에게 먼저 나타나신 것이다.

더구나 예수님은 이날 오후 대부분을 그들과 함께 보내셨다. 그러므로 예수님은 유능한 자들이 아닌, 오히려 실망하고 낙담하여 방황하는 자들에게 관심을 갖고 계신 것을 알 수 있다.

더 흥미로운 것은 그들의 눈에 예수님이 보이지 않았다는 것이다. 그들에게는 오히려 예수님은 이스라엘 사람들이 모두 알고 있는 십자가 사건을 알지 못하는 답답한 사람처럼 여김을 받았다(24:18).

그러므로 우리가 기억해야 할 것은 예수의 실체가 우리 눈에 보여야만 중요한 것이 아니라, 예수님이 눈에 보이든 아니든 사랑하는 그의 제자들과 함께 동행하신다는 사실이다.

그들은 예수를 가리켜 "우리가 이 사람이 이스라엘을 구속할 자라고 바랐노라"(21) 말하며 주에 대한 불평을 늘어놓았다. 또한 그들은 "우리 중에 어떤 여자들이 우리로 놀라게 하였으니 이는 저희가 새벽에 무덤에 갔다가 그의 시체를 보지 못하고 와서 그가 살으셨다고 하는 천사들의 나타남을 보았다 함이라"(22-23) 말하며, 예수님의 부활에 의심을 품고 있었다.

그럼에도 그들의 불평불만을 들으신 예수님은 "미련하고 선지자들의 말한 모든 것을 마음에 더디 믿는 자들이여 그리스도가 이런 고난을 받고 자기의 영광에 들어가야 할 것이 아니냐"(25,26) 하시며, 모세로부터 모든 선지자의 글로 시작하여 성경에 기록된 그리스도의 계시를 자세히 설명하셨다.

아마 아브라함이 아들 이삭을 제물로 드리게 하셨던 일도 자신에 관한 말씀임을 가르치셨을 것이다. 또한 출애굽기에서 장자의 죽음을 피하기 위하여 양의 피를 문설주에 발랐던 일과 레위기에 기록된 모든 희생들은 그리스도의 희생의 전조였음과 시편 기자가 말한 건축자들에 의해 버려진 돌이 자신에 관한 것임도 말씀하셨을 것이다.

예수님은 시편 22편의 "물같이 쏟아졌으며 내 모든 뼈는 어그러졌으며 그들이 내 수족을 찔렀고 내 옷을 제비뽑느니라"고 묘사된 말씀과 이사야 50장에서 "나를 때리는 자들에게 내 등을 맡기며 나의 수염을 뽑는 자들에게 나의 뺨을 맡기며"라고 예언된 기록, 그리고 이사야 52장의 "그의 얼굴이 상하여 그를 알아보지 못할 것"이라고 하신 말씀도 알기쉽게 설명하셨을 것이다.

그러면 오늘날 당신은 어떠한가? 주님은 당신이 예수를 믿기 시작한 날부터 얼마나 많은 날을 당신과 함께 하셨던가? 사실 그는 우리가 믿기 전부터 우리를 섭리하셨던 것이다. 그럼에도 우리가 삶 속에서 그를 발견하지 못했던 것은 무슨 까닭일까? 그것은 엠마오로 가던 제자들처럼 우리의 믿음이 현실 생활에 근거하고 있기 때문이다.

그러므로 만약 당신의 믿음이 식어서 하나님 나라에 아무런 소망도 느끼지 못하고 열정을 갖지 못하였다면 당신은 성경을 바르게 풀어 가르쳐줄 스승을 찾아야 할 것이다. 당신이 그에게 성경의 말씀을 듣기 시작할 때 주님은 당신과 개인적인 관계를 가져 주실 것이며, 그때 가슴이 뜨거워질 것이며 복음을 향한 열정에 타오를 것이다.

[기도] 사랑하는 예수님, 오늘날에도 주의 부르심에서 떠나는 자들이 많이 있습니다. 그들은 아직도 주님의 뜻을 물으며 자신들의 삶이 어려워지면 또 다른 길을 찾아 나서고 있습니다. 그 이유는 그들이 성경으로 미리 말씀하신 주의 뜻을 깨닫지 못하기 때문입니다. 그들이 말씀을 읽을 때에 주님의 음성을 듣게 하소서. 예수님 이름으로 기도합니다. 아멘.

[핵심연구]
1. 두 제자가 엠마오를 향해 길을 떠난 이유는 무엇인가?
2. 그들이 다시 돌아올 수 있었던 것은 무엇 때문인가?
3. 성도들은 왜 교회를 떠나는가?
4. 당신은 성경에서 주의 음성을 듣고 있는가?

성령의 능력이 입힐 때까지

(누가복음 24:49) 볼지어다 내가 내 아버지의 약속하신 것을 너희에게 보내리니 너희는 위로부터 능력을 입히울 때까지 이 성에 유하라 하시니라

오늘 이 말씀은 부활하신 후 하늘에 오르시며 사도들과 그의 제자들에게 하신 말씀이다. 흥미롭게도 누가는 사도행전을 기록하며 서두에서 다시 "사도와 같이 모이사 저희에게 분부하여 가라사대 예루살렘을 떠나지 말고 내게 들은바 아버지의 약속하신 것을 기다리라"(행 1:4) 명하셨음을 기록하였다.

계속하여 주님은 "오직 성령이 너희에게 임하시면 너희가 권능을 받고 예루살렘과 온 유대와 사마리아와 땅 끝까지 이르러 내 증인이 되리라 하시니라"(행 1:8) 말씀하셨다.

여기서 중요한 말씀은 먼저 예루살렘을 떠나지 말라하신 것이며, 그 목적은 아버지의 약속을 기다리기 위함이다. 그러므로 이 말씀의 핵심은 그리스도의 나라 곧 교회를 이끌어 갈 제자들은 반드시 하늘로부터 임하는 성령의 권능을 입어야 한다는 것이며, 두번째는 복음전파의 사역원리를 알아야 한다는 것이며, 세번째는 복음사역의 순교의 증인이 되어야 한다는 말씀이다.

사실 사도로 택함을 받은 제자들은 지난 3년 동안 예수님과 함께 생활하며 복음의 진리를 배우고, 예수 그리스도의 권능을 체험하며, 일시적으로 귀신을 쫓고 병을 고치는 권세가 나타났었으나 예수께서 십자가에 죽으심을 당하신 후에는 두려움에 떨고 있었다.

그들은 예수가 없는 세상에서 복음사역을 한다는 것은 꿈도 꾸지 못했었다. 그러므로 부활하신 예수께서 요엘 선지자로 이미 약속하신 성령의 세례를 기다리라고 말씀하신 것이다. 그들의 싸움은 영적전쟁이기 때문이다.

오늘날 복음사역에 부름을 받은 우리들도 주의 말씀과 같이 성령의 능력으로 입힘을 받아야 한다. 그 능력이 없이는 우리는 주를 부인하고 또 주의 부활하심을 믿지 못하고 떨고있던 제자들과 같이 아무것도 할 수 없을 것이다. 그러므로 부름받은 우리는 성령의 세례를 받기 위하여 자신의 예루살렘을 떠나지 말고 기다려야 할 것이다.

미국 코스타메사 갈보리 채플 개척자 척 스미스 목사님은 "너희가 권능을 받고 예루살렘과 온 유대와 사마리아와 땅 끝까지 이르러 내 증인이 되리라 하시니라"하신 말씀을 다음과 같이 증거하셨다.

척 스미스 목사님은 원래 침례교에서 신학을 하고 17년 동안 목회를 하였으나 가는 곳마다 실패하여 전전긍긍하다가, 분열 직전의 작은 코스타메사 갈보리 채플에서 초빙을 받아 목회를 시작하였다.

그 당시 미국은 정치, 경제적 혼란으로 삶의 가치를 상실한 젊은이들이 미국 전역에서 거리를 방황하며 히피생활을 하였다.

어느날 부인과 해변을 거닐던 척 스미스 목사는 도요새처럼 해변을 떠도는 청년 히피 무리를 보고 애통하며 기도하던 중 주께 소명을 받고 히피들을 하나 둘씩 모아 성경을 한절한절 가르치기 시작했다. 청년들이 성경을 깨닫기 시작할 때 불과 몇년이 못되어 회심한 수천명의 청년들에게 세례를 베풀었다.

성경의 말씀을 듣고 성령의 세례를 받은 제자들이 캘리포니아를 중심으로 교회를 개척하였고, 그들의 교회에서 성령세례를 받은 제자들이 켈리포니아 일대에 교회를 개척하고, 또 그들의 제자들이 미국 전역에 교회를 개척했으며 또 그들 속에서 사명을 받은 청년들이 유럽, 멕시코, 일본, 한국, 아프리카로 나아가 삼천명의 제자들이 전 세계에서 복음을 전하고 있다. 지금 미국 최대교회 25개 중 13개가 갈보리 채플이다.

25년 전, 일본에서 귀국하여 갈보리채플 서울교회를 개척할 당시 한국교회 목회자 세미나에 강사로 오신 척 스미스 목사님은 식탁에 나를 초대하여 이제 막 교회를 개척한 목회 초년생인 나에게 다 자신이 갈보리 채플을 개척하기 이전에 어려웠던 17년의 날들을 소상히 말씀하시며 다음과 같은 말씀을 주셨다.

이사야 선지자는 "왕이여 이것이 왕에게 징조가 되리니 올해는 스스로 난 것을 먹을 것이요 둘째 해에는 또 거기에서 난 것을 먹을 것이요 셋째 해에는 심고 거두며 포도나무를 심고 그 열매를 먹을 것이니이다"(사 37:30)고 기록하였다. 그러므로 주께 소명을 받은 사람은 오직 주의 말씀을 따라 성령의 때를 기다려야 한다. 대부분의 목사들이 조급하여 자기 때를 기다리지 못하여 모두 실패하고 떠나게 된다. 그러나 우리는 그리스도의 일을 하는 자들이다.

사실 나는 목사가 된 이후에도 오랜동안 힘겨운 싸움을 해왔다. 내 힘으로서는 도저히 지탱할 수 없는 영적전쟁이었다. 물질이며 육체적이며 마음의 유혹으로부터 계속되는 영적 싸움은 끊이지 않았다. 마치 애굽에서 구원을 받은 이스라엘 백성들의 광야생활과도 같았다. 목회는커녕 살아가는 것조차 힘겨웠고, 어떤 방법을 동원해도 성도들은 모이지 않았다.

또한 나의 목회에서 가장 힘들었던 것은 함께 갈보리채플로 부름받은 형제 목사들로부터의 시기와 모함이었다. 그들은 갈보리채플의 예루살렘 곧 코스타메사 갈보리채플 한인 목회자 그룹에서 갈보리채플 운동을 일으키기 위해 한국에 파송된 선교사들이었다. 그들은 내가 코스타메사 갈보리채플에서 공부하지 않았기 때문에 자기들에게 다시 배워야 한다고 위협하며, 나의 동성애 사역에도 부정적인 생각을 갖고 미국 갈보리채플을 찾아가 나의 목회활동에 제동을 걸었다.

마치 야곱의 사랑하는 아들 요셉이 형제들에게 미움을 받아 버림 받았듯이 나는 10년의 세월을 미국 갈보리채플과 단절된 목회를 해야 했다. 그러나 그들의 한국사역은 얼마를 견디지 못하고 모두 자기 길로 돌아 갔다. 그들은 나와 함께 그리스도의 기업을 나눌 부르심이 없었던 것이다.

이와 같은 상실감 속에서도 묵묵히 갈보리채플 서울교회를 지켜 올 수 있던 것은 주께서 예루살렘을 떠나지 말고 성령이 임하기를 기다리라고 말씀하셨기 때문이다. 또한 그런 상황 속에서 내가 할 일은 오직 성경공부였다. 주께서 "내가 너희에게 분부한 모든 것을 가르쳐 지키게 하라 볼지어다 내가 세상 끝날까지 너희와 항상 함께 있으리라 하시니라"(마 28:20) 약속하셨기 때문이다.

나는 척 스미스 목사의 성경강해 원고를 중심으로 매튜 핸리, 버클레이, 엑스포지터스 강해주석과 원어를 살피며 신구약 성경 전체를 공부하는데 12년이 걸렸다. 그리고 60살이 되어서야 나의 소명을 발견하고 동성애, 성중독, 마약, 알코올 중독자들게 복음의 진리를 가르치고 그리스도의 기업을 준비하고 있다.

이제 주의 날을 고대하는 나의 유일한 소망은 모든 견딤과 참음으로 그리스도의 은혜를 발견한 제자들과 함께 성경의 진리를 탐구하며, 믿음과 사랑을 지켜 그리스도의 영광에 참여하는 것이다. 그리스도의 약속은 지금도 우리 가운데서 성취될 것이기 때문이다.

[기도] 사랑하는 나의 주 예수님! 오늘도 주님의 능력은 우리 가운데 역사하고 계심을 알고 있습니다. 나를 지키심이 주께 있고 나를 취하심도 주께 있음을 알고 있사오니 나의 생명이 오직 주의 은혜 가운데 거하게 하소서. 예수 그리스도의 이름으로 기도드립니다. 아멘.

[핵심연구]
1. 아버지의 약속하신 것은 무엇인가?
2. 위에서 입힐 능력은 무엇인가?
3. 당신의 예루살렘은 어디인가?

갈보리채플 사역비전

(히 4:10) 이미 그의 안식에 들어간 자는 하나님이 자기 일을 쉬심과 같이 자기 일을 쉬느니라

우리는 하나님의 사랑은 온 인류를 향한 것이며, 그 아들 예수를 보내어 인류의 죄를 위하여 십자가에 죽게 하시고 사흘 만에 부활케하심을 믿는다(고전 15:3,4).
– 그러므로 우리는 죄 사함과 부활의 주 예수 그리스도를 전파한다.

우리는 모든 성경은 하나님의 감동으로 된 것으로 교훈과 책망과 바로잡음과 의로 교육하여 하나님의 사람을 온전케 하며 모든 선한 일에 철저히 구비되게 하려는 것을 믿는다(딤후 3:16,17).
– 그러므로 우리는 하나님의 말씀을 가르치는 일에 힘쓴다.

우리는 복음의 진리 안에서 성숙하고 온전한 그리스도의 몸된 교회를 세우기 위해 하나님께서 그의 사역자를 세우시는 것을 믿는다(엡 4:11,12).
– 그러므로 우리는 가서 모든 족속으로 제자를 삼는다.

우리는 그리스도 안에 오직 한 몸이며, 비록 각 교회에 여러 가지 다른 점이 있을지라도, 예수 그리스도로 말미암아 성령 안에서 우리 모두가 하나임을 믿는다(엡 4:4).
– 그러므로 우리는 성령 안에서 하나 되게 하실 것을 힘써 지킨다.

갈보리채플 서울교회 (02. 546. 5811)
갈보리채플 성경대학 (www.ccbc.co.kr)

갈보리채플 권장도서

마태복음 핵심강해
이요나 저

-목회자 설교 준비 워크북
-선교사 전도 핸드북
-일반성도 가정예배 성경공부 교재
강해설교의 명문 갈보리 채플은 사탄 문화권에 사로잡혀 고통받는 젊은이들에게 오직 신구약 성경 전체를 심도깊게 가르쳐 진리의 말씀 안에서 성령을 체험한 수천 명의 제자들이 전 세계에서 복음을 전하고 있다.

응답받는 기도생활
척 스미스 저

우리의 기도는 절대적 믿음의 신뢰 속에서 하나님의 능력이 방출되게 하는 것이다. 갈보리채플 부흥의 역사는 아주 작은 신념의 기도로부터 시작되었다. 이 책은 크리스천들이 왜 실패하는 가에 대한 해답과 어떻게 성공적인 삶을 살 수 있는가에 대한 기도생활의 비결을 깨닫게 한다.

영적전쟁의 실체
브라이언 브로더슨 저

인류 역사의 어두움이 절정에 가까워질수록 영적전쟁은 더욱 명백해 진다. 이 전쟁은 단지 철학적 감각의 선과 악의 전쟁이 아니라, 이 땅의 그리스도인들과 마귀와의 전쟁이다. [영적전쟁의 비밀]은 사탄 문화권의 젊은이들을 복음의 승리로 이끌어낸 갈보리채플 척 스미스 목사의 후계자 브라이언 목사가 제언하는 영적전쟁의 승리의 비결이다.